Magnus Bernhard

Beschreibung des Klosters und der Kirche zu Ottobeuren

Ein Andenken an die elfhundertjährige Jubelfeier

Magnus Bernhard

Beschreibung des Klosters und der Kirche zu Ottobeuren
Ein Andenken an die elfhundertjährige Jubelfeier

ISBN/EAN: 9783744621502

Hergestellt in Europa, USA, Kanada, Australien, Japan

Cover: Foto ©Lupo / pixelio.de

Weitere Bücher finden Sie auf **www.hansebooks.com**

Beschreibung
des
Klosters und der Kirche
zu
Ottobeuren.

Ein Andenken

an die eilfhundertjährige Jubelfeier.

Zusammengestellt
von
P. Magnus Bernhard, O. S. B.

Ottobeuren.
Druck und Verlag der C. Ganser'schen Buchdruckerei 1864.

Vorwort.

Gegenwärtige Beschreibung der Kirche und des Klosters Ottobeuren verdankt ihr Entstehen der Feier des eilfhundertjährigen Jubiläums seit der Stiftung des Gotteshauses durch Sylach im Jahre 764. Kirche und Kloster sind ohne Zweifel Prachtbauten des vorigen Jahrhunderts, die gewiß die Aufmerksamkeit eines Jeden verdienen. Dieses Büchlein soll nun in ganz einfacher Sprache über den Bau, über die Gemälde und sonstigen Kunstgegenstände einen möglichst genauen Aufschluß ertheilen und zugleich dem Besucher dieses erhabenen Tempels einen kleinen Wegweiser und ein liebes Andenken bieten. Als Quellen wurden benützt: P. Maurus Feyerabend's sämmtliche Jahrbücher des Klosters Ottobeuren, aus denen Vieles wörtlich angeführt wurde; ferner die Tagbücher des Abtes Rupert II., ein MSC. von 13 Foliobänden mit zahlreichen Bemerkungen über den Klosterbau; das Abbatiale, Verzeichnisse der im Kloster und in der Klosterkirche befindlichen Gemälde und ihrer Verfertiger; ältere Oekonomie- und Baurechnungen; Aufzeichnungen des hiesigen Konventualen P. Basil Miller, der Prioren P. Alexander und P. Plazidus u. s. w. Wenn in manchen Punkten genauere Darstellung gewünscht und manches hieher Bezügliche ganz vermißt wird, so ist der Grund in dem Mangel weiterer, als der Oben angeführten Quellen zu suchen. Um denjenigen, welche die Chronik von Ottobeuren nicht in Händen haben, ein kleines Bild der Geschichte dieses Stiftes zu geben, ließ der Verfasser der Beschreibung einen kurzen Abriß der Geschichte vorangehen und flocht auch in den Text sachdienliche geschichtliche Notizen. Möge nun diese Arbeit, für welche der Verfasser die schonende Nachsicht des geneigten Lesers in Anspruch nimmt, auch etwas dazu beitragen, die Liebe, Hochschätzung und Dankbarkeit zu den Vorfahren unseres hl. Ordens, welche diese herrlichen Gebäude zur Ehre des dreieinigen Gottes aufgeführt haben, zu vermehren und stets lebendig zu erhalten!

Ottobeuren am Festtage der Apostelfürsten Petrus und Paulus im Jahre des Herrn 1864.

Geschichtliche Einleitung.

Ottobeuren*, ein sehr alter Ort in Oberschwaben, liegt in dem ehemals sogenannten Alpengau, jetzt Allgäu, in einem eine Viertelstunde breiten, aber langen Thale, welches die westliche Günz durchströmt. Der ursprüngliche Name des Ortes ist Ovtenburren, woraus im Laufe der Zeit Ottenbeuren und jetzt falsch Ottobeuren entstand.

Zur Zeit der Stiftung des Klosters mag wohl Ottobeuren eine aus einer sehr ausgedehnten und weitschichtigen Markung bestehende Pfarrgemeinde, worin sich neben einer Kirche des hl. Peter, und einer adelichen Burg mehrere hundert von einander getrennte Höfe oder Einöden befanden, gewesen sein. Wie man damals kein Ordenshaus stiftete, ohne vorher sich mit ansehnlichen Reliquien versehen zu haben, so geschah es auch hier. Wie es aber auch an andern Orten nicht selten war, so mußten solche heimlich entwendet werden, wozu sich für die Söhne unsers Stifters bald eine passende Gelegenheit fand. Diese, Gauzipert, ein regionarer Bischof, und Toto, damals noch Kleriker und Kämmerer des Bischofs von Vienne, entschlossen sich, aus der Kathedrale des genannten Ortes den daselbst hochverehrten Leib des hl. Martyrers Alexander zu entführen, was auch glücklich gelang.

Nach Herbeischaffung des hl. Leibes ging nun der fromme Stifter Sylach, der sich einen mächtigen Herrn in Schwaben nennt, an sein Werk. Seine Gemahlin hieß Erminswint, die einige für eine Verwandte der Königin Hildegard halten, aus welcher er drei Söhne hatte: Gauzipert, wahrscheinlich Regionarbischof, **Toto**, zur Zeit der Stiftung Kleriker zu Vienne, der aus Allen zur Stiftung das Meiste beitrug und der **erste Abt** des neuen Klosters wurde, und endlich Tagebert. Eine

---

* Ottobeuren, Marktflecken, an der westlichen Günz, hat 360 Häuser, 1473 Einwohner und ist der Sitz eines kgl. Landgerichtes, Rent- und Forstamtes.

I.

Tochter hieß Richgart. Als Stiftungsjahr kann mit Gewißheit das Jahr 764 angenommen werden.

Die ursprünglichen Stiftungsgüter sind alten Verzeichnissen zufolge: 1) Ottobeuren, Markt, mit einem Umfange von 2 Meilen in der Länge und 1 in der Breite und wenigstens 300 angebaute und unangebaute Huben oder Höfe enthaltend; 2) die Dorfgemeinde Böhen (Behaim); 3) Hawangen (Habevvonguen); 4) Ungerhausen (Husen); 5) Westerheim (Westerhain); 6) Amendingen (Ovmintingen) bei Memmingen; 7) die Kirche Steinheim (Stainhaim); 8) Kirchdorf (Kirchtorf) im würtembergischen Oberamte Leutkirch; 9) die Gemeinde Eck (Ekka) an der Günz; 10) Dietershofen (Dietriceshouen); 11) Attenhausen (Attenhusen); 12) Die Gemeinde Zell (Cella), abgegangener Ort bei Pforzen und Weinhausen (Wigenhusen), bei Kaufbeuren und das Gut Waal (Wale) mit 9 Huben. — Diesen nicht unbedeutenden Stiftungsfond vermehrte noch Karl der Große, und bestättigte dem ersten Abte Toto zu Mainz 769, in den Pfingstferien alle Rechte, besonders das eigene Wahlrecht. Der Mönche waren ursprünglich zwölf, alle von edlem Geschlechte, bestimmt nach St. Benediktusregel zu leben.

Der erste Abt Toto starb selig am 19. November 815 oder 817, 72 Jahre alt, nachdem er beiläufig 50 Jahre an der Stiftung, Verherrlichung und Befestigung seines neuen Stiftes gearbeitet hatte.

Die ersten Nachfolger Totos waren fromme Männer, von denen uns die Geschichte außer ihren Namen fast nichts hinterlassen hat. Nach Birtilos Tod (941) wurde das freie Wahlrecht des Stiftes zum erstenmal beeinträchtigt, indem Adalbero, ein Graf von Dillingen u. Schwestersohn des hl. Ulrich, die hiesige Abtei als Commende erhielt. Ihm folgte bald der hl. Ulrich, der den Leib des hl. Theodor v. Bischofszell im Kanton Thurgau hieher brachte. Der hl. Ulrich erlangte für Ottobeuren vom Kaiser Otto I. jenes höchst wichtige Freiheitsdiplom, kraft dessen das Stift, trotz vielfacher Anfechtungen, 830 Jahre lang außergewöhnliche Privilegien genoß, wie nicht leicht ein kleiner oder großer Staat. Für diese Urkunde mußte der hl. Ulrich den dritten Theil

II.

des Gebietes Ottobeuren an das Reich abtreten. Ulrich verschaffte dem Kloster wieder das freie Wahlrecht.

Nach Ulrichs Tod († 971 oder 973) machte das Kloster von diesem Rechte sogleich Gebrauch und wählte einen gewissen Rubung († 1000). Unter Rubungs Nachfolgern mehrte sich das Besitzthum des Klosters, theils durch Kauf, theils durch Schenkungen, besonders unter den Schutzvögten der Edlen von Ursin.

Im 11. Jahrhundert hatte ein gräuliches Sittenverderbniß unter den Geistlichen und Laien eingerissen. Die herrschenden Laster waren Sittenlosigkeit und Simonie. Staat und Kirche befanden sich in gleich trauriger Lage. Zu dieser Zeit gelangte ein tadelloser und unsträflicher Mann, Razelin (1059—1082) zur abteilichen Würde. Er muß viel unter den Unbilden dieser Zeit gelitten haben, da Abt Adalhalm (Adilhelm) ein ganz neues Kloster im Jahre 1086 zu bauen anfing. Dieser Abt entriß auch den Laien jene Stiftsgüter, die sie in diesen harten Zeiten ungerechter Weise sich zugeeignet hatten.

Unter Abt Heinrich I. (1103—1104) ging das Stift seinem Verfalle entgegen. Unordnung und Zügellosigkeit hielten mit Verschwendung gleichen Schritt. In dieser mißlichen Lage brachte der Schirmvogt Rupert von Ursin Rath und Hilfe. Er vermochte die Klostergemeinde, den damaligen Prior Rupert v. St. Georg im Schwarzwalde zu berufen, der dem Rufe auch folgte. Rupert I. ließ sich vor Allem die Herstellung der Zucht und Ordnung im Innern angelegen sein, berief fromme Ordensmänner aus andern Klöstern, beschäftigte die Mönche mit Bücherabschreiben, gründete dahier ein Frauenkloster und vollendete 1126 das von Adalhalm angefangene Kloster sammt Kirche, die am 1. November d. J. von Bischof Hermann aus Augsburg und Bischof Ulrich I. von Konstanz eingeweiht wurde. Mit der Rückkehr der Zucht mehrten sich auch die frommen Schenkungen, namentlich des Schutzvogtes Rupert von Ursin. Im vorletzten Jahre seiner Regirung erlebte der gottselige Abt noch die Freude, durch die Seinigen eine neue Benediktiner-Kolonie zu Schuls im untern Engadin entstehen zu sehen;

III.

allein bei der Rohheit der Thalbewohner und aus andern Ursachen wurde dieselbe durch den Ritter Ulrich von Tarasp auf einen Berg in der Nähe der Etschquelle verlegt, und gab so dem heutigen Kloster Marienberg in Tirol sein Entstehen. Nach einer segensreichen Regirung von 43 Jahren starb Abt Rupert, schon bei Lebzeiten als Heiliger verehrt, am 15. Aug. 1145. Sein Leichnam wurde in einem steinernen Sarge beigesetzt, der noch vorhanden ist.*

Sein Nachfolger Jsingrin (1145—1180) ließ sich zu Rom vom Papste Eugen III. alle Privilegien und Besitzungen des Klosters bestättigen. Bei seiner Rückkehr aus Rom fand er das Kloster bis auf die Stiftskirche durch eine Feuersbrunst in einen Aschenhaufen verwandelt, das er aber bald wieder zu bauen anfing. Auch wurde unter ihm der Besitzstand des Klosters durch ansehnliche Schenkungen vermehrt.

Unter Abt Konrad I. (1194—1229) wurde das unter Jsingrin angefangene Klostergebäude vollendet und 1204 durch Bischof Otto II. von Freising eingeweiht. Dieser Abt erhielt auch den Gebrauch der Infel und übrigen bischöflichen Ehrenzeichen. Unter ihm kamen auch beträchtliche Güter zu Tennenberg, Memmingen, Sontheim, Attenhausen ꝛc. schankungsweise an das Kloster.

Am 26. April 1217 brach eine Feuersbrunst so schnell und mit solcher Heftigkeit aus, daß in einigen Stunden sämmtliche Klostergebäude, sowie ein Theil des Marktes ein Raub der Flammen wurden. Viele Kostbarkeiten und alte Handschriften gingen zu Grunde. Bei diesem Brande scheint auch das Frauenkloster in Flammen aufgegangen zu sein, da es von nun an ganz aus der Geschichte verschwindet. Rastlos wurde nun am Wiederaufbau des Klosters gearbeitet und besonders wohlthätig zeigte sich hiebei Bischof Siegfried von Augsburg, der dem Kloster die Ortspfarre förmlich einverleibte.

Unter dem Abte Konrad II. (1296 — 1312) kam die Klosterzucht in Verfall. Seine Nachfolger, namentlich Johann

---

* Siehe unten pag. 63.

IV.

II. (1378—1391), glaubten der bedrängten Lage des Stiftes durch Verkauf und Verpfändung namhafter Ortschaften und Besitzungen einige Erleichterung zu verschaffen. So wurden das Dorf Günz, mehrere Güter zu Egg u. s. w. verkauft, die jedoch bald wieder an das Stift zurückkamen, besonders unter Abt Eggo, Graf von Schwabegg (1404—1416), der ein in jeder Beziehung ausgezeichneter Mann und der letzte der adelichen Aebte war. Um das Jahr 1411 schloß Abt Eggo zur Beseitigung des schutzvogteilichen Unfuges einen Vergleich mit dem Bischof und Domkapitel in Augsburg. Bischof Eberhard incorporirte dem Stifte die Pfarrei Attenhausen. Abt Eggo wohnte auch dem Konzil zu Konstanz bei. Die Vertheidigung seiner Stiftsrechte zog dem Abte den Haß des umliegenden Adels in so hohem Grade zu, daß einige den Entschluß faßten, ihn zu ermorden, was sie auch mittelst bestochener Diener des Abtes in's Werk setzten. Er wurde am 18. August 1416 in seinem Bette überfallen, erwürgt und der Leichnam durch die Oeffnung eines an die Stiftskirche angebauten Thurmes auf das Kirchenpflaster hinuntergestürzt, um der schwarzen That den Schein eines Selbstmordes zu geben. Auch sein Nachfolger Johann Schedler (1416—1443) wohnte dem Schluße des Konzils zu Konstanz bei, war ein guter Haushälter und vermehrte den Besitzstand des Klosters; so kaufte er das Dorf Wolfertsschwenden, Ollarzried ꝛc.

Der aufgedrungene Abt Wilhelm von Lustenau (1460 bis 1473) mehr ein gefälliger Welt- als Ordensmann, hatte durch seine Liebe zur Pracht und zum Wohlleben den nachtheiligsten Einfluß auf die Klosterzucht, stürzte das Stift in Schulden und setzte es der nächsten Gefahr der Verweltlichung und Auflösung aus. Im Jahre 1464 hätte der geschmeidige Abt bedeutende Rechte an den Kardinalbischof vergeben, wenn es nicht durch das standhafte Benehmen des Ottobeurer Vogtes Konrad von Werwang, des Fleckenammanns Jos Hildebrand und der übrigen Hauptleute der untergebenen Dorfschaften verhindert worden wäre. Im Jahre 1473 mußte er abgesetzt werden. Nun kam es zu einem Schisma, in dem sich jedoch Nikolaus Rößlin (1479—1492) behauptete.

V.

Unter diesem Abte erhielt Ottobeuren vom Kaiser Friedrich III. die Erlaubniß jährlich zwei Märkte zu halten, und zwar den ersten auf St. Urban und den zweiten auf Michaeli.

Unter Abt Matthäus Ackermann (1492—1508), der ein übler Haushälter war, beehrte 1497 u. 1505 Kaiser Maximilian I. das Stift Ottobeuren mit einem Besuche. Unter ihm trat auch der berühmte P. Nikolaus Ellenbogen hier als Novize ein, der mehrere Klosterämter versah und mit den gelehrtesten Männern damaliger Zeit in Briefwechsel stand. Im Jahre 1508 wurde Abt Matthäus gezwungen abzudanken. Sein Nachfolger war Leonhard Wiedemann (1508—1546).

Schon im Jahre 1509 errichtete dieser Abt eine Buchdruckerei im Kloster, bei welcher Mönche des eigenen Hauses beschäftigt waren, legte verschiedene Rechtsstreite glücklich für das Haus bei, führte 1517 den schönen Gebrauch ein, für jeden verstorbenen Vater, Mutter, Bruder oder Schwester eines hiesigen Klostergeistlichen einen feierlichen Gottesdienst zu halten. Im Jahre 1525 mußte er den traurigen Bauernkrieg durchmachen. Das Kloster wurde von einer Horde Bauern geplündert und ausgeraubt. Die possirlichste Figur machte ein Söldner von Sontheim, der förmlich den Herrn und Abt spielte und sich als solchen bedienen ließ. Abt Leonhard war nach Ulm entflohen, andere Patres in die Schweiz; nur wenige blieben zu Haus. Die Niederlage der Bauren an der Luibas, die ihnen Georg Truchseß von Waldburg beibrachte, stellte bald die alte Ordnung der Dinge wieder her. Der Schaden, den das Kloster erlitten hatte, belief sich auf 20,000 fl. Die verführten Unterthanen erhielten leicht Verzeihung von Seite des Abtes; auch wurde keine Entschädigung verlangt, nur die allgemeine vom schwäbischen Bunde aufgelegte Brandschatzung mußte durch eine Umlage erhoben werden.

Im Jahre 1534 kaufte Abt Leonhard Rebgüter zu Immenstaab und Sipplingen am Bodensee und erbaute 1537 den aus Memmingen vertriebenen Klosterfrauen eine Wohnung zu Eldern.

Im J. 1540 erließ er eine neue Gerichts- u. Strafordnung und errichtete 1541 eine öffentliche Lehranstalt für die morgenlän-

VI.

bischen Sprachen in Vereinigung mit den Aebten von Kempten, Weingarten, Wiblingen ꝛc.; 1543, am 17. Jänner wurde die Anstalt feierlich eröffnet, wurde aber schon 1544 nach Elchingen verlegt. Im schmalkaldischen Kriege 1546 verlor das Kloster einen Theil seiner werthvollsten Schriften, die nach Füssen geflüchtet wurden und dort in die Hände der Feinde kamen, während der hiesige Markt und das Kloster 7000 fl. Brandschatzung zahlen mußten. Niedergedrückt durch die Drangsale der Zeit starb Abt Leonhard am 15. November 1546 zu Sipplingen, nachdem er sein Stift beinahe 39 Jahre voll Einsicht und Standhaftigkeit regirt hatte.

Leonhards Nachfolger war Kaspar Kindelmann (1547—1584) von Stegen im Kanton Zürich. Eine seiner ersten Unternehmungen war der Neubau der Stiftskirche, der untern und obern Mühle im Flecken, der Riedmühle bei Beningen und der St. Sebastianskapelle auf dem Gottesacker. Im Jahre 1558 am 21. November wurde die neue Stiftskirche durch den Kardinalbischof Otto Truchseß, Graf von Waldburg, feierlich eingeweiht. Diese Kirche kostete über 20,000 fl.

Im Jahre 1563 erhielt das Kloster durch die Gnade des Kaisers Ferdinand das Recht, von allen Schenkweinen die 13. Maß als Umgeld fordern zu dürfen. Abt Kaspar löste verschiedene verpfändete Güter wieder ein und legte schwierige Rechtshändel zum Vortheil des Klosters auf gütlichem Wege bei. Im Jahre 1565, in der Nacht vom 15. auf den 16. Dezember, brannte der Abteistock nieder sammt den dort aufbewahrten Kostbarkeiten. Die Rosenkranzbruderschaft wurde 1584 eingeführt.

Sein Nachfolger Gallus Memminger (1584—1599) baute die St. Nikolauskapelle, St. Markus im Wald, das Rath- und Kornhaus im Markte u. s. w. Er war übrigens kein guter Wirthschafter und mußte deßhalb abdanken.

Abt Alexander Sauter (1600—1612) vertheidigte mit seinem Prior Gall Sandholzer standhaft die Rechte des Stiftes, namentlich wider die Anmassungen des Hochstiftes Augsburg, was sogar die Gefangennehmung und Abführung des Abtes nach Dillingen bewirkte. Nach acht wöchentlicher

VII.

Gefangenschaft wurde er entlassen, wornach man ihn zu Hause als einen unerschütterlichen Vertheidiger der theuersten Stiftsrechte mit aller Ehrfurcht und Freude empfing. Von den vielen Leiden und Sorgen sehr angegriffen, legte er seine Amtswürde nieder und die Klostergemeinde wählte zu seinem Nachfolger den **Gregor Reubi** aus Sonthofen (1612—1628), einen rechtschaffenen Mann.

Im Jahre 1616 wurde in Salzburg unter dem Erzbischof Max von Hohenems eine wissenschaftliche Schule gegründet, wozu Abt Gregor ganz besonders beitrug, indem er schon 1617 fünf Lehrer aus dem hiesigen Kloster dorthin sandte. Er vertheidigte auch die Stiftsrechte wider Augsburg und es wurde dem Stifte die Reichsunmittelbarkeit und Steuerfreiheit feierlich zugesprochen. Im Jahre 1620 mußte Gregor den P. Silvan Herzog von hier, der als Rektor an der Universität Salzburg üble Wirthschaft führte, zurückrufen, wofür sich Herzog später auf eine Weise rächte, die dem Stifte viele Ungelegenheiten mit Augsburg verschaffte. Zu Salzburg wurde Rektor P. Albert Keußlin von hier, der auch Abt von St. Peter wurde. Im Jahre 1628 sah sich Gregor gezwungen seiner Würde zu entsagen. Ihm folgte in kanonischer Wahl **Andreas Vogt** (1628 — 1633). Er hatte sogleich die Folgen des dreißigjährigen Krieges zu empfinden. Schon 1629 mußte Ottobeuren eine ziemlich starke Kontribution an die kaiserlichen Truppen liefern und 1631 erhielt Ottobeuren Eine und eine dreiviertel Compagnie nebst dem Generalstab, der in Hawangen lag, zur Verpflegung. Der Abt bot dem Generalstab wochentlich 500 fl. und der Compagnie 165 fl., was angenommen wurde. Im Jahre 1633 mußte sich Abt Andreas vor den Schweden nach Kempten und von da nach Lindau flüchten, wo er auch am 5. März starb. Zu seinem Nachfolger wurde am 11. April, und zwar der Sicherheit wegen in Füssen, der damalige Prior **Maurus Faber** (Schmid) v. Gmünd (1633—1655) gewählt.

Die Drangsale, denen das Stift und die Umgegend von Ottobeuren um diese Zeit ausgesetzt war, und während welcher die Weiler Langenberg und Halbersberg geplündert wurden, möge man in Feyerabend Bd. III. pag. 40. u. d. f. nachlesen.

VIII.

Abt Maurus mußte 1634 nach Memmingen fliehen, und die dortige Belagerung aushalten. Um das Maß voll zu machen, wurde das Kloster Ottobeuren sammt Gebiet dem schwedischen Oberst Melchior Wurmbrand zugewiesen, der auch sofort eine ganz neue Beamtung aufstellte. In diesen Nöthen zeichnete sich ganz besonders aus der unerschrockene P. Jeremias Mayr, der nur allein zu Hause war und Lebenden und Sterbenden Trost und Hilfe spendete. Als wieder die Kaiserlichen die Oberhand erhielten und die Schweden vertrieben waren, kehrte Abt Maurus von Salzburg, wohin er geflohen war, zurück im Jahre 1635.

Als ein Beweis der gräßlichen Verheerung durch die Schweden mag hier angeführt werden, daß laut amtlicher Aufschreibung im ganzen Ottobeurer Gebiete sich nach dem Abzuge der Schweden nur mehr 133 Pferde von schlechtester Art, 181 Stück Hornvieh und 66 Ziegen vorfanden. Im Jahre 1640 kehrten auch die Patres zurück, und es konnte wieder an ein Chorgebet und an eine ordentliche Seelsorge gedacht werden. Allein im Jahre 1646 flohen der Abt, die Konventualen und viele Bürger von Ottobeuren wiederum vor den Franzosen und Schweden; nur P. Jeremias Mayr machte wieder den treuen Hauswächter und bewirthete den berühmten Marschall Turene im hiesigen Kloster. Endlich machte der westphälische Friede 1648 diesem schrecklichen Kriege ein Ende. Im Jahre 1651 starb der als Mensch, Priester und Gelehrter ausgezeichnete P. Sebastian Röhrer, früher Professor zu Salzburg. Am 2. Februar 1655 starb der durch seine Treue und Unerschrockenheit ausgezeichnete P. Jeremias als Pfarrverweser in Hawangen, und am 2. Dez. d. J. Abt Maurus.

Nun wurde der damalige Stiftsökonom Peter Kimmicher (1656—1672) gewählt. Er sorgte sogleich für die Aufnahme und Heranbildung junger Ordensgeistlichen, ließ alle vorfindlichen Urkunden und Rechte in ein Buch sammeln, trug Vieles zur Verbesserung der Landeskultur bei, schloß mit den Nachbarherrschaften vortheilhafte Verträge und vertheidigte unerschrocken die Rechte des Stiftes und suchte auf jede Weise die Wunden zu heilen, die der dreißigjährige Krieg geschlagen

IX.

hatte. Um das Jahr 1670 verwandte der Abt neben der Abbezahlung von 39,000 fl. rückständiger Kriegsschulden für Kunst- und wissenschaftliche Zwecke 1700 fl. Der allgemein beliebte Abt starb am 15. März 1672.

Sein Nachfolger war der damalige Novizenmeister **Benedikt Hornstein** aus Wasserburg (1672—1688), der besonders auf wissenschaftliche Ausbildung der Seinigen hielt. Abt Benedikt trug Vieles bei zur Errichtung der Schulanstalt in Rottweil. Auch zeigte er in Hinsicht auf das Religiöse und Gottesdienstliche einen fast unbescheidenen Eifer, der aber nach und nach immer mehr abnahm und selbst eine bischöfliche Visitation veranlaßte. Im Jahre 1676 starb der fromme und gelehrte Prior Jakob Molitor, der ein heiligmäßiges Leben führte. Im Jahre 1681 entstand das Frauenkloster Wald. Vom 12.—14. August des Jahres 1683 beherbergte das Stift den gelehrten Joh. Mabillon und seinen Reisegefährten Mich. Germain. Am 25. Juni 1686 ging die Pfarrwohnung mit fast allen Pfarrbüchern und Urkunden in Feuer auf. Uneinigkeiten zwischen Abt und Konvent nöthigten ersteren seiner Würde zu entsagen. Durch kanonische Wahl folgte **Gordian Scherrich** aus Wangen (1688—1710).

Neben den großen Opfern, die der Abt den Forderungen des schwäbischen Kreises zur Deckung von Kriegslasten bringen mußte, bei 44,000 fl., erwarb er dennoch manche Besitzungen für das Kloster, so das Johanniterhaus in Feldkirch für 22,000 fl., namhafte Güter in Erkheim für 22,300 fl. ꝛc. Im Jahre 1702 wurde Memmingen von churbayrischen Truppen belagert und bei dieser Gelegenheit mehrere Gebietsdörfer und Weiler geplündert, wie Hawangen, Stephansried, Eggisried ꝛc. Im Jahre 1703 mußten mehrere Herrn vor den Franzosen die Flucht ergreifen, konnten aber bald wieder zurückkehren. Am 8. März 1710 starb Abt Gordian in Folge eines unglücklichen Sturzes, nachdem er 22 Jahre zum großen Segen seines Hauses regirt hatte.

Unter Abt Gordian wahren mehrere berühmte und gelehrte Männer im Hause, wie Albert Krez, Chronograph, Karl Schultheiß, ein guter Theolog, Christoph Vogt, Architekt, Pontian Schütz, Rektor in Salzburg, Sebastian Textor, Professor in Salzburg und ein berühmter Kanzelredner seiner Zeit.

Am 8. Mai desselben Jahres wurde Abt Rupert Neß (1710—1740) aus Wangen als Abt gewählt, einer der größten, wo nicht der größte Abt des Stiftes Ottobeuren. Außer andern Erlassen zum Nutzen der Herrschaft war eine seiner ersten Sorgen die gänzliche Ablösung des Augsburgischen Vogteirechtes für die Summe von 30,000 fl. Am 5. Mai 1711 legte Abt Rupert den Grundstein zum jetzigen Klostergebäude und vollendete diesen Bau noch selbst, wie von Seite 1 — 6 ausführlich berichtet wird. Den 26. Juli des nämlichen Jahres geschah die feierliche Uebertragung der Leiber der hl. Blutzeugen Bonifazius, Benedikt und Vittoria von Eldern nach der Stiftskirche. Auch baute Rupert in diesem Jahre ein neues Werkhaus auf der Insel Meinau und richtete das Schlößchen zu Erkheim für einen Aufenthalt in den Herbstferien ein. Im Jahre 1712 wurde Abt Rupert und alle seine Nachfolger vom Kaiser Karl VI. zum wirklichen kaiserl. Rath und Erbkaplan ernannt. Im folgenden Jahre, am 7. August, legte Abt Rupert den ersten Stein zur kath. Pfarrkirche auf dem Theinselberg, und am 1. Jänner 1715 wurde der erste Gottesdienst darin gehalten. Albert Krez, der verdienstvolle Hauschronograph, starb 1713. Von ihm ist die Benediktinerlegende in vier Quartbänden mit Kupfern. Wegen des Frauenklosters Wald entstand im Jahre 1714 ein heftiger Rechtsstreit mit Augsburg, der zu argen Mißverhältnissen führte, aber am Ende ohne besondere Folgen ablief. Auch stiftete in diesem Jahre der Fürstbischof von Freising ein Lyzeum daselbst und bat den Abt Rupert um mehrere Lehrer aus dem hiesigen Stifte, welcher Bitte der Abt, als Beförderer christlicher Wissenschaft, sogleich entsprach.

Trotz des kostspieligen Klosterbaues kaufte Abt Rupert 1718 die untere Mühle zu Sontheim, 6 Jauchert Holzboden zu Ungerhausen, die schmidtischen Güter zu Erkheim, baute zu Attenhausen einen neuen Pfarrhof (1730), die Pfarrkirche zu Ungerhausen (1734) und vermehrte die Bibliothek mit kostbaren Werken. Am 17. Juni 1720 wurde in der Person des P.

XI.

Beda Braunmüller der erste Ordensgeistliche als Pfarrer bei St. Peter installirt. Auch starb in diesem Jahre, am 1. Sep. der gelehrte P. Sebastian Textor. Ein alter Streit wegen der Aimühle, welche den Mühlen zu Hawangen und Ungerhausen das Wasser entzog, tauchte im Jahre 1726 wieder auf, wurde aber bald durch einen Vertrag beigelegt. Im Jahre 1727 erhielt die Augsburgische Benediktiner-Congregation unter dem Präsidium des Abtes Rupert vom Papste Benedikt XIII. das Eremptionsbreve in aller Form; aber dasselbe wurde von den Bischöfen und auf deren Verwenden beim Kaiser so übel vermerkt, daß man bald von dieser Eremption wieder abstand. In diesem Jahre starb P. Pontian Schütz, der theils zu Rottweil, theils in Salzburg öffentlicher Lehrer war, und im folgenden (1728) den 22. November verlor das Stift durch den Tod den berühmten Rechtslehrer und langjährigen Rektor an der hohen Schule zu Salzburg P. Fr. Schmier von Grönenbach.

Im Jahre 1733 erhielt Ottobeuren die Zollfreiheit für seine Weinfuhren durch die vorderösterreichischen Länder gegen das Versprechen, alljährlich am Namensfeste des Kaisers einen feierlichen Gottesdienst abzuhalten. In den Jahren 1735 und 1736 gab das Stift freiwillig als Kriegsbeiträge 5000 fl., 4000 Ztr. Heu und halb soviel Stroh, womit das kaiserliche Generalkommissariat sich zufrieden stellte; aber der schwäbische Kreis ertrotzte noch 10,000 fl. Am 27. September 1737 legte Abt Rupert den Grund zur neuen Kirche und unterstützte die Benediktiner Mission Schwarzach in Binzgau mit 1000 fl. Am 11. Juli 1738 feierte Abt Rupert sein 50jähriges Profeß-Jubiläum, das er nicht mehr lange überlebte. Den 20. Okt. 1740 starb der große unvergeßliche Abt Rupert im 70. Jahre seines Alters. Durch seinen Tod, sagt Feyerabend, verlor Ottobeuren einen zweiten Stifter und großen Vertheidiger seiner Rechte, die Unterthanen und Armen einen noch heute unvergessenen Vater, die Künste und Wissenschaften einen der größten Freunde und Gönner, der Orden eine vorzügliche Zierde und die Religion einen eifer- und tugendvollen Prälaten.

XII.

Auf den Abt Rupert folgte am 23. November als Abt **Anselm Erb** von Ravensburg (1740—1767), der vor seiner Wahl Professor auf der hohen Schule zu Fulda war. Abt Anselm setzte den von seinem Vorgänger angefangenen Kirchenbau emsig fort und vollendete ihn 1766, wie unten gezeigt wird. (Siehe Seite 8—10). Im österreichischen Erbfolgekrieg (1740—1748) rückte am 5. November 1743 eine österreichische Division unter dem Generalfeldmarschall Graf von Königsegg im hiesigen Gebiete ein, und lagerte sich auf dem sogenannten Ungerhauser Hardt. Es mußten dahin täglich 4340 Portionen Brod, 6475 Portionen Haber, 7000 Portionen Heu und 2200 Portionen Stroh geliefert werden. Außer diesem mußte man noch an den schwäbischen Kreis 6000 fl. bezahlen, was sich auch im Jahre 1745 wiederholte. Zum Glücke dauerte das Standquartier nicht lange.

Im Jahre 1746, den 2. Juli, zündete der Blitz in der kath. Kirche zu Theinselberg, welche gänzlich abbrannte; statt ihrer entstand nachher in der Ebene die heutige Pfarrkirche zu Lachen. Auch kaufte Abt Anselm in diesem Jahre mit dem Stifte Kempten von den Freiherrn von Schönau die Herrschaften Stein und Ronsberg; die wirkliche Besitznahme aber erfolgte erst im Jahre 1749, und im Jahre 1754 kaufte Abt Anselm das bruggerische Rebgut zu Immenstaad. Im folgenden Jahre 1755, am 9. Dezember, wurde in Ottobeuren und der Umgegend ein heftiges Erdbeben verspürt. Auch starb in diesem Jahre der gelehrte Bibliothekar P. Michael Reichbeck. Im Jahre 1758 erließ Abt Anselm zum Schutze der Herrschaftswaldungen eine neue Forstordnung und machte 1762, am 4. Novbr., eine neue Schulordnung bekannt, welche die Haltung einer Sommerschule an Sonn- und Feiertagen durch zwei Nachmittagsstunden anordnete. Auch feierte in diesem Jahre Abt Anselm sein 50jähriges Priesterjubiläum. Am 28. September 1766 wurde die neue Kirche eingeweiht. (Siehe unten Seite 10 — 13). Am 12. Mai 1767 resignirte der 80jährige Abt Anselm seine Würde, starb aber schon am 21. desselben Monats, nachdem er 26 Jahre mit vieler Weisheit u. Klugheit sein Stift regirt hatte.

XIII.

Nach ziemlichen Schwankungen in der Wahl ging endlich Honorat Göhl von Immenstadt (1767 — 1802) aus der Urne hervor. Abt Honorat nahm gleich nach seinem Amtsantritt bedeutende Veränderungen mit allen Klosterstellen und Aemtern vor. Besonders faßte er die Wiederherstellung der häuslichen Ordnung, die bei den vielen Unruhen während des langen Baues etwas locker geworden war, scharf ins Auge.

Am 4. Oktober 1767 beehrte der Churfürst Max Joseph III. von Bayern mit seiner Gemahlin M. Anna das Stift mit einem Besuche. Im Jahre 1770 wurde Lachen, das bisher nur charitativ von Ottobeuren versehen wurde, mit einem Weltpriester besetzt. Im nämlichen Jahre herrschte, besonders in Italien, eine große Theurung, die durch den gewissenlosen Wucher der Bauern immer mehr gesteigert wurde, so daß man sich genöthigt sah, die Kornsperre für das Gebiet Ottobeuren anzulegen, eine Haussuchung vorzunehmen und sämmtliche Getreidvorräthe amtlich aufzunehmen. Im März 1771 kostete in Memmingen das Malter Kern 68 fl.

Wegen der Heilquelle zu Dankelsried kam es mit Memmingen, welches diese Quelle verschütten ließ, zu einem heftigen Streit; aber Memmingen mußte den Schaden ersetzen. Im Jahre 1774 begann Abt Honorat die Anlegung sicherer Wege nebst der Ausbesserung der Memminger-Straße mit einem Kostenaufwande von 30,000 fl.; so wurden der Weg über den Michaelsberg, die Straße nach Wolfertschwenden, der Weg über den Guggenberg nach Kaufbeuren und über Kuttern gegen Kempten theils neu angelegt, theils erweitert. Zu Hause starb am 4. Jänner 1782 P. Augustin Bayerhammer, besonders in den orientalischen Sprachen erfahren und lange Zeit Professor der Dicht- und Redekunst sowie der Philosophie zu Freising. Im Jahre 1784 ließ der berühmte P. Ulrich Schiegg einen Luftballon steigen und machte noch mehrere Proben mit dieser neuen französischen Erfindung. Eben dieß thaten auch die Gebrüder Baader, Buchbinder von Ottobeuren am 19. Februar auf dem Fronhof in Augsburg.

Im Jahre 1785 mußte das Priorat in Feldkirch wegen

Baufälligkeit fast ganz abgetragen und größtentheils neu hergestellt werden. Dieser Bau kostete 30,000 fl. Mit vielem Eifer sorgte Abt Honorat auch für Einführung eines erhebenden Kirchengesanges bei feierlichen Umzügen, wobei der junge Conventual- und Musikdirektor P. Franz Schnitzer v. Wurzach die trefflichsten Dienste leistete. Der Herzog Karl Eugen von Würtemberg und die Gräfin v. Hohenheim beehrten in der ersten Fastenwoche das Stift mit einem Besuche. Im Jahre 1789 riß eine gewaltige Ueberschwemmung mehrere Häuser des Marktes mit sich fort. Um das Jahr 1792 beschäftigte sich Abt Honorat mit vielen ökonomischen Versuchen, vertheilte die Gemeindegründe, wodurch sich in kurzer Zeit ein bedeutender Wohlstand verbreitete, und kaufte für 35,000 fl. die ehemaligen Jesuitengüter zu Oberegg. Aber auch die Kirchenverzierungen wurden nicht vergessen. Die ziemlich starke Orgel in Eldern wurde durch den geschickten Orgelbauer Holzheu v. hier verbessert, neue Paramente angeschafft und kostbare Werke für die Bibliothek angekauft. Ganz besonders verdient machte sich Abt Honorat durch Einrichtung, Erweiterung und Beförderung der Schulanstalt, welche 1795 bis zur Auflösung des Stiftes gegen 200 Studenten aus verschiedenen Ländern zählte.

Am 9. Juli 1796, Nachts 1 Uhr, kam plötzlich die Nachricht, eine 600 Mann starke Horde von zersprengten Condeern sei im Anzuge gegen das Kloster und den Markt; zum Glück war es nur ein blinder Lärm und die ausgerückte Ottobeurer Mannschaft kehrte wohlbehalten wieder von Babenhausen zurück. Die Kriegsgeschichte dieser Zeit liegt außer dem Zweck dieser Schrift und wird also füglich übergangen. Nur so viel sei bemerkt, daß Ottobeuren im Jahre 1799 allein nach dem Geldanschlage 90,000 fl. Kriegsbeiträge bezahlte. Am 10. Mai 1800 flüchtete Abt Honorat nach Oberdorf und Tirol, während man zu Hause Alles, was sich verbergen ließ, verbarg. Noch am nämlichen Tage wurde ein Haufe Bauern und Knechte, welche die kaiserlichen Magazine nach Kempten abführen sollten, von französischen Chasseurs bei Jttelsburg überfallen, wobei das Kloster 2 Wagen und 11 Pferde einbüßte. Am 14. Mai kam der gefürchtete General Vandamme selbst im Kloster an.

XV.

Aber sein Besuch fiel gegen alles Erwarten gnädig aus; dennoch war es eine kostspielige und harte Zeit und man wußte die unaufhörlichen Zahlungen und Lieferungen nicht mehr aufzutreiben. Ein großer Trost in dieser bedrängnißvollen Zeit war das überaus schöne Benehmen der Bürger und anderer Marktbewohner, die mit aller Bereitwilligkeit thätliche Hilfe boten und zur Tilgung der fast unerschwinglichen Brandschatzungen beitrugen: so der damalige Gerichtsammann Martin Zugschwert 2000 fl.; Magdalena Epple 1000 fl. und Bäckermeister Rauch 800 fl. Am 10. August 1800 traf Abt Honorat nach dreimonatlicher Abwesenheit wieder in Ottobeuren ein nebst seinen zwei Mitbrüdern Sebastian Sidler und Barnabas Huber.

Endlich kam es am 9. Februar 1801 zu dem verhängnißvollen Friedensschluß zu Lüneville, der die gesammten geistlichen Reichsstände ihrer Rechte und ihres Eigenthums fast ohne Ausnahme beraubte. Abt Honorat, der an die Auflösung seines Stiftes nicht glauben wollte, rief den Professor P. Ulrich Schiegg von der hohen Schule zu Salzburg nach Hause, und betraute ihn mit der Oberleitung aller Oekonomieämter. Am 15. Nov. 1801 hielt der Abt sein 50jähriges Profeß-Jubiläum und verschied in der Nacht vom 16. auf den 17. Juli 1802, im 70. Jahre seines Alters und im 35. seiner bewegten Regierung. Er wurde in der Stiftskirche begraben. (Siehe unten Seite 34 u. 35.) Unter Abt Honorat blühten Klosterzucht und Wissenschaften; er selbst schrieb mehrere aszetische Schriften, die theils in Augsburg, theils hier gedruckt wurden.

Am 23. Juli 1802 schritt man zu einer neuen Wahl, aus welcher der damalige Conventprior Paulus Alt von Wangen (1802—1807) als kanonisch gewählter Abt hervorging. Das kaiserliche Belehnungsinstrument traf vier Monate nach dem Wahltage ein, ward aber am 7. Novbr. im Original nach Ulm abgefordert. Am 29. August erschien ein churbayerischer Kommissär, Freiherr v. Hertling, mit einem Schreiben an den Abt Honorat adressirt, welches zu öffnen der neue Abt Anstand nahm; aber auf die Bemerkung, es sei nur ein Versehen der

Expeditionsstelle, erbrach er dasselbe und las darin, wie man sich bewogen finde, die in Schwaben zugesicherten Distrikte sogleich militärisch zu besetzen. Nach einem späten und kurzen Mittagmahl entfernte sich die churbayerische Commission wieder. Nun wurden die Rechnungen und dergleichen bereinigt, sowie eine statistische Uebersicht hergestellt. Nach derselben hielt das ganze Stiftsgebiet $4^{9}/_{4}$ ☐ Meilen mit 1636 Wohnhäusern, 1736 Feuerstätten und 20,051 Seelen. Auch besaß das Kloster das Patronatsrecht über folgende Pfarreien: Ottobeuren — die obere und untere Pfarrei — Hawangen, Attenhausen, Böhen, Frechenrieden, Sontheim, Ungerhausen, Günz, Wolfertschwenden, Beningen, Niederrieden, Engetried, Erisried und Frankenried.

Am 1. Dezember 1802 kam Hr. v. Renz, als Subdelegirter des churfürstlichen bayerischen Kommissärs in Kempten, und überbrachte dem Abte das gedruckte Besitznahme-Dekret mit dem Bedeuten, daß der Abt sich von nun an der Regirungsgeschäfte und der Kameralverwaltung zu enthalten habe. Hierauf entließ der Abt die Beamten ihrer eidlichen Pflicht. Sodann wurde alles, was nicht nieth- und nagelfest war, selbst die Insignien des Abtes aufgeschrieben und nach Schließung und Versiegelung des Archivs und der Bibliothek ꝛc. zur großen Entschädigungsmasse bestimmt. Die beträchtlichen Vorräthe nebst den Aktivausständen deckten hinreichend den Passivstand eines Stiftes, welches nach der von P. Ulrich Schiegg verfaßten Fassion 130,000 fl. Einkünfte hatte.

So erlosch das Stift Ottobeuren, nachdem es 1038 Jahre unter 55 Aebten als eine Pflanzschule der Religion, Zufluchtsstätte für die Wissenschaften und Wohlthätigkeitsanstalt für Hilfsbedürftige bestanden hatte.

Die damaligen Herren, ohne den Abt Paul vierzig Patres und 4 Klerifer, waren einmüthig entschlossen, beisammen zu bleiben und wie bisher dem Gottesdienste, der Schule- und Seelsorge ihre Kräfte zu widmen. Sie wandten sich deßhalb in einer Eingabe vom 26. April 1803 an die churbayerische Landesdirektion in Ulm um Ueberlassung des Konventgebäudes, der Kirche, der Paramente der Bibliothek, des Gartens, der zum Lebensunterhalte nothwendigen Viktualien ꝛc. Als Antwort erfolgte am 23. Juli 1803 die Definitivpension des Abtes und der Konventualen.

Dem Abte wurden „jährlich in Rücksicht des Zeitpunktes, in welchem zu seiner Wahl geschritten wurde," 2000 fl.; den 13 Konventgeistlichen, die schon über 30 Jahre im Kloster waren, 500 fl.; 7 Priestern, die sich über 20 Jahre im Stifte befanden 450 fl.; endlich den Uebrigen 400 fl zugesprochen. Auf die andern Punkte der Bittschrift ging man nicht ein; wohl wurde bis auf Weiters die Benützung des Konventgebäudes, der Kirche und Paramente zugesagt. Für Wachs, Wein und dergleichen hatten die Herrn selbst zu sorgen. Auch war es den Herrn gestattet und gern gesehen, nach gemachter Pfarrprüfung sich um Pfründen zu bewerben oder andere Stellen zu suchen. Wollte Einer seine Pension im Auslande verzehren, so mußte er darum bittlich einkommen und auf den dritten Theil der ihm angewiesenen Pension Verzicht leisten.

Eine Eingabe des Abtes und Konventes vom 28. August 1803 an die Landesdirektion um Vermehrung der Pensionen und Verabreichung einiger Naturalien, besonders des nöthigen Holzes, wurde rund weg abgeschlagen; eine theilweise Benützung der Bibliothek wurde jedoch zugesagt. Auf dieses hin verließen mehrere Patres ihr liebgewonnenes Stift und suchten entsprechende Stellen. Ein großer Theil aber — bei 18 Patres —, unter denen sich selbst jüngere befanden, legten ihre Pension zusammen, lebten gemeinsam unter dem Abte Paul fort und suchten dem Stiftungszwecke möglichst nachzukommen. Auch erhielten in diesem Jahre die Conventualen durch Bischof Clemens Wenzeslaus einige Erleichterung in Diöziplinarsachen; so wurden die strengen Klosterfasttage, das mitternächtliche Chorgebet und das Singen der Laudes aufgehoben.

Im Jahre 1805 wurde die untere Pfarrkirche zu St. Peter geschlossen und zu einem Schulhaus bestimmt; dagegen die Stiftskirche als alleinige Pfarrkirche erklärt und P. Theodor Klarer als Pfarrer aufgestellt.

XVIII.

Dem Abte Paul und den Konventualen wurde durch ein landgerichtliches Schreiben vom 3. Mai d. J. eröffnet, sie hätten sich fortan jedes lauten Chorgebetes in der Kirche zu enthalten und kein Ordensfest mehr feierlich zu begehen. Am Abende dieses Tages wurde zum letztenmale unter Begleitung der großen Orgel die Vesper und das Complet feierlich gesungen! Den 11. Febr. 1806 verkündete der Rentbeamte Wiggermann den Klosterfrauen zu Wald ihre definitive Pensionirung. Jede ohne Unterschied erhielt jährlich 180 fl.

Auch starb in diesem Jahre, den 4. Mai, P. Sales Depra, der lange Zeit eifrigster Pfarrer bei St. Peter war und mehrere beliebte Andachtsbücher verfaßte. Im Jahre 1807 folgte ihm Abt Paul nach. Er befand sich auf Besuch bei seinem Bruder in Maria Thann bei Wangen, als er plötzlich an einem Schleimschlag den 24. Oktober starb. Abt Paul zeichnete sich durch große Wohlthätigkeit, ungewöhnliche Standhaftigkeit bei allen Stürmen der Zeit und aufrichtige Liebe zu seinen Mitbrüdern aus.

Nach dem Hinscheiden des Abtes Paul wurde durch ein bischöfliches Vikariatsschreiben vom 24. Oktober 1807 die geistliche Gewalt über die bei einander gebliebenen Konventualen dem Prior P. Maurus Feyerabend dahin ertheilt, daß derselbe über das Disziplinare seines Klosters strenge zu wachen habe, und daselbst Zufriedenheit und Ordnung zu erhalten suche. Im Jahre 1813 wurde das Klostergebäude zu einem Gefängniß und Lazareth für mehrere tausend Franzosen eingerichtet. Den Patres wurden nur einige Zellen des Konventgebäudes überlassen, mit dem Bedeuten, selbst diese zu räumen, wenn es die Nothwendigkeit erheische, wozu es jedoch nicht kam. Dieser Zustand dauerte fast bis zum Jahre 1815. P. Theodor Klarer, Pfarrer, hat sich durch den fleißigen Besuch der Sterbenden und Wiedergenesenen im Spital bestens verdient gemacht; aber auch bei den übrigen Franzosen hat er sich durch fleißige Aushilfe an Geld, Büchern und Kommissionen ohne Zahl ein unvergeßliches Andenken erworben, wie die zahlreich aus Frankreich angelangten Briefe bezeugten.

XIX.

Als im Jahre 1814 der Congreß in Wien eröffnet wurde, ließen der Prior Maurus und die Konventualen durch den Fürsten Anselm Maria Fugger bei dem Kaiser Franz II. ein Promemoria einreichen, bei der neuen Umgestaltung des Reiches des ehemaligen Reichsstiftes Ottobeuren nicht zu vergessen. Auch der Nunzius de Genga und Papst Pius VII. wurden um ihr Verwenden für Ottobeuren beim Congreß bittlich angegangen; jedoch, wie voraus zu sehen war, alles vergeblich.

Im Jahre 1818, den 8. März, starb der Prior P. Maurus Feyerabend. Er war geboren den 7. Oktober 1754 zu Schwabmünchen und trat 1771 in das hiesige Stift ein und stand 17 Jahre als Präfekt der hiesigen Schule vor. Abt Paulus machte ihn zum Prior. Er war ein Mann von ausgezeichneter Gelehrsamkeit, strenger Tugend und ganz unbeflecktem Wandel; ein vorzüglicher Verehrer der klösterlichen Ordnung, die er nicht nur selbst pünktlich befolgte, sondern auch bei andern streng aufrecht erhielt. Die zärtliche Liebe, mit der er seinem Stifte von ganzer Seele zugethan war, bestimmte ihn, demselben ein Denkmal zu setzen, das dauerhafter als Erz wäre. Er verfaßte nämlich mit ungeheurer Arbeit und mit unermüdetem Fleiße die Ottobeurischen Annalen vom Stiftungsjahre 764 bis zum Jahre der Aufhebung 1802; die in den Jahren 1813—16 in vier Bänden dahier im Drucke erschienen. Schon früher lieferte er eine schöne Uebersetzung der Briefe des hl. Papstes Gregor, die in 7 Bänden in Kempten erschien; seine letzte Arbeit war eine Uebersetzung der Briefe des heil. Cyprian.

Nach dem Tode des Priors Maurus wurde P. Wilibald Staader, Senior, Vorstand der noch in Gemeinschaft lebenden fünf Patres. Am 26. Juli 1819 starb P. Honor Pfeffer. Er war Kasten- und Küchenmeister. Auch nach der Aufhebung des Stiftes übernahm er nach dem Wunsche seiner im Kloster noch zusammen wohnenden Brüder die Sorge für das kleine Hauswesen und erleichterte denselben durch seine treue Sorgfalt und Geschicklichkeit ihre Lebensweise ungemein.

XX.

Bald darauf verloren die Exconventualen wieder einen Mann, der mit seinen Ordensbrüdern Leid und Freud und sein ganzes Einkommen theilte. Dieser Mann war P. Theodor Klarer, der am 18. Juli 1820 die Zahl seiner Lebenstage mit einem höchst traurigen Tode, welcher der Erklärung des Arztes gemäß, als Folge eines heftigen Anfalles von Geistesstörung zu betrachten war, beschlossen hat. P. Theodor war geboren 1765 zu Dorndorf und trat 1789 in das hiesige Stift. Vor der Verweltlichung des Stiftes war er Lehrer der Philosophie, Physik und Rhetorik an der Klosterschule; zugleich war ihm die Leitung und Aufsicht über die ganze Musik übertragen. Im Jahre 1805 wurde er Pfarrer v. hier. Durch seinen sanften u. liebevollen Charakter wußte er alle zu gewinnen, und noch heute steht er bei den Pfarrangehörigen im gesegnetsten Andenken. Sein Nachfolger war Sebastian Rösl, Exconventual v. St Ulrich und Afra in Augsburg. Da er eine eigene Wirthschaft führte, so suchten bald die bisherigen Kapläne, Exconventualen von hier, einen andern Posten, und so verblieben nur mehr die zwei Patres Wilibald Staaber und Basil Miller. P. Wilibald starb am 1. Dezember 1831. P. Basil erlebte noch die Freude, das hiesige Stift wieder erstehen zu sehen.

Im Jahre 1834 faßte der für alles Gute und Edle begeisterte König Ludwig I. den hochherzigen Gedanken, den Benediktiner-Orden wieder in Bayern einzuführen u. gründete mittelst allerhöchster Entschließung vom 20. Dez. d. J. die Benediktiner-Abtei St. Stephan in Augsburg; zugleich traf er die Bestimmung, daß dieses Stift ein Priorat zu Ottobeuren errichte. Zum ersten Abt der beiden Klöster ernannte König Ludwig den ehemaligen Conventualen v. Ottobeuren, Barnabas Huber. Am 20. April 1835 wurde er von Bischof Ignaz Albert v. Riegg, der sich um die Wiedereinführung des Ordens in Bayern bestens verdient gemacht hat, unter Assistenz des Weihbischofs Ignaz v. Streber und des infulirten Domdechants v. Oettl aus München in der Kirche zum hl. Kreuz in Augsburg feierlich benedizirt. Schon im Oktober d. J. waren so viele Benediktiner aus Oesterreich, der Schweiz und

XXI.

unserm Vaterlande in St. Stephan angekommen, daß am 5. November zur feierlichen Konstituirung des Klosters und Eröffnung der damit verbundenen Studienanstalten geschritten werden konnte.

Auch dahier traf zur allgemeinen Freude am 13. Nov. der als erster Prior und Pfarrvikar bestimmte Konventual und Subprior aus dem Stifte Maria-Einsiedeln P. Gregor Waibel mit dem Konventualen P. Wolfgang Schicker aus dem Priorate Metten ein, und sie wurden noch an demselben Tage durch die geistlichen und weltlichen Behörden in ihr Amt eingewiesen. Eine Deputation der Marktgemeinde war den hochwürdigen Herrn bis Augsburg entgegen gereist. Wenige Tage darauf folgten ihre Mitbrüder P. Kolumban Mösch aus Einsiedeln und P. Reginbold Reymann aus Muri nach.

Im Jahre 1839 kehrte Prior Waibel nach Einsiedeln wieder zurück, nachdem er vier Jahre an der Befestigung des hiesigen Priorates und in der Seelsorge eifrigst gearbeitet hatte. Pfarrvikar wurde P. Sales Müller aus dem Stifte Maria-Einsiedeln und Prior P. Stephan Postelmayer aus Augsburg. Im Jahre 1841, am 10. Oktober, stellte Abt Barnabas in der hiesigen Kloster- und Pfarrkirche das Eldrische Gnadenbild auf. (Siehe unten Seite 26 und 27.) Im Herbste des Jahres 1846 kehrte P. Sales als der letzte der auswärtigen Benediktiner in sein Stift zurück und nahm den Ruf eines eifrigen Seelsorgers und braven Ordensmannes mit sich. Vom Jahre 1845 — 1847 war P. Paul Birker dahier Prior, der dann im Jahre 1850 erster Abt v. St. Bonifaz in München wurde. Prior und Pfarrvikar P. Alexander Felder (1852 — 1857) restaurirte die St. Michaelskapelle auf dem Buschelberge. (Siehe Seite 13, Anmerkung.) Im Dezember des Jahres 1855 wurde im hiesigen Kloster eine Erziehungs- und Beschäftigungsanstalt für arme und verlassene Knaben errichtet und die Leitung derselben dem Abte Theodor v. St. Stephan übertragen. Erster Vorstand genannter Anstalt war P. Chrysostomus Lößl.

XXII.

P. Alexander resignirte im Febr. 1857 das Priorat und die Pfarei und Abt Theodor bestimmte zu seinem Nachfolger als Prior u. Pfarrvikar den P. Plazidus Lengmüller (1857—1861). Er errichtete im Jahre 1858 einen schönen Kreuzweg auf dem Gottesacker zu St. Sebastian, dessen Kosten durch milde Beiträge der Pfarrangehörigen gedeckt wurden; auch trennte er im Jahre 1860 mit Ueberwindung von vielen Schwierigkeiten die hiesige Mädchenschule von der Knabenschule und übergab erstere den ehrwürdigen Franziskanerinnen von Maria Stern in Augsburg. Im Herbste 1861 wurde P. Chrysostomus nach Augsburg zurückgerufen und an seine Stelle kam P. Philipp Kramer, der zugleich Prior wurde. Allein nach einem Aufenthalt von zwei Jahren kehrte er wieder nach Augsburg zurück, um seine frühere, liebgewonnene Stellung als Professor der Mathematik und Physik am dortigen Gymnasium neuerdings zu übernehmen. Das Priorat wurde von dem Abte Raphael wieder dem Pfarrvikar P. Plazidus übergeben. Gegenwärtig sind dahier außer dem P. Prior und Pfarrvikar: P. Magnus Bernhard und P. Anton Kuißl, die als Kapläne den Pfarrvikar in der Seelsorge unterstützen, P. Anselm Bunk und P. Augustin Bernhard; ersterer als Inspektor, letzterer als Präfekt der Erziehungsanstalt, nebst 7 Laienbrüdern.

Das ist in gedrängter Uebersicht der geschichtliche und gegenwärtige Bestand des Gotteshauses, dessen nähere Beschreibung in Bezug auf Gebäude und andere Merkwürdigkeiten in den folgenden Abschnitten gegeben wird.

Beschreibung

der Kirche

und des Klosters.

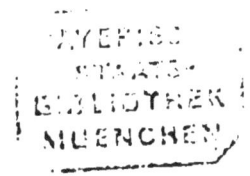

I.
Geschichte des Kloster- und Kirchen-Baues.

Der Erbauer des Klosters Ottobeuren, sowie es jetzt besteht, war der Abt Rupert II., Neß von Wangen.* Wegen des Platzes, wo das neue Kloster stehen sollte kamen verschiedene Gegenden in Vorschlag, wie der Hügel beim Armenhaus, die Höhen zum Tennenberg, Halbersberg und Konenhof. Abt Rupert wählte den Platz, auf welchem die alten Klostergebäude von der Stiftung her gestanden und ließ sich fünf wohlbearbeitete Baurisse vorlegen. Diese Baurisse fertigten die Baumeister Thumb, Behr, Herkommer, Frater Dominikus, ein Karmelit und P. Christoph Vogt, Konventual von Ottobeuren.

Der Abt wählte mit einigen kleinen Abänderungen den Plan des Chr. Vogt und gab dem neuen Gebäude einen noch viel weitschichtigeren Umfang und eine ganz andere Richtung. Was sowohl die Arbeit als die Baukosten ungemein erschwerte, waren die vielen Vertiefungen, die man ausfüllen, die vielen Hügel, die man abtragen und ebnen, die vielen unterirdischen Quellen, die man entweder abgraben oder versenken — und überhaupt der zu einem regulären oder vielmehr länglichten Viereck nothwendige Bodengrund, den man erst herstellen und bilden mußte. Deßungeachtet schritt man zum Anfang und legte am 5. Mai 1711, Nachmittags an der

---

* Abt Rupert regirte vom Jahre 1710 — 1740. Er war geboren in Wangen den 24. November 1670; Profeß den 11. Juli 1688; Priester den 6. Jänner 1695 und Abt den 10. Mai 1710.

Ecke gegen die Morgen- und Mittagsseite beim Priorat feierlich den ersten Stein zum künftigen Gebäude.

Im Jahre 1713 stand schon ein Theil des Konventgebäudes gegen die Morgenseite unter Dach und der Maurermeister Johann Brenner, ein Bregenzerwälder, hielt die Seinigen sehr strenge zur Arbeit an. Die Maurer mußten bei längerem Tage Morgens 4 Uhr auf dem Gerüste stehen, und bis 7 Uhr Abends arbeiten. Von sechszehn Gesellen und zwei Handlangern erhielt jeder täglich 28 kr. Die zwei letztern hatten den Lohn des Meisters aufzubessern, welcher nebst dem Offizianten-Tisch 30 kr. bezog. Die Pflastersteine wurden von Solnhofen bei Eichstädt geliefert. Eilfhundert dieser, zu 18 Zoll ins Viereck gehauenen und noch ungeschliffenen Steine kosteten bis Ottobeuren 229 fl. 14 kr., also das Stück circa 23 kr.

Am 30. Dezember des Jahres 1714 stand nun nach vier Sommern die östliche 466 Fuß lange Seite des Konventgebäudes mit vier Stockwerken, der innern Hauptverzierung und der Zelleneinrichtung bewohnbar da. In diesem Jahr arbeiteten 23, im folgenden 30 Maurergesellen sammt Handlangern. Pietro Antonio Garovo von Mailand und Carloni von Linz verfertigten alle Gypsverzierungen in den Zellen.*

Johann Zimmermann verzierte mit 5 Personen nebst der St. Michaelskapelle, wofür er 150 fl., und nebst dem Krankenzimmer, wofür er 20 fl. erhielt, den ganzen Kreuz- oder untern Gang accordmäßig für 350 fl., Offiziantentisch für sich und seinen Stiefvater, für die drei Uebrigen der Handwerkertisch ohne Nachtherberge. Der Schreinermeister Simon Schropp von Ottobeuren lieferte sämmtliche Holzarbeiten in die Zellen.**

---

* Sie erhielten nebst dem Offiziantentisch für das Visitationszimmer 50, für jede Zelle anfangs 22, später 18 und für jedes Klafter von 6 Fuß ins Gevierte in den obern 466 Fuß langen Gängen 3 Gulden.

** Er hatte für jede Zelle, und zwar für den Alkoven einen großen Kleiderkasten, eine Bettlade sammt Fußkästchen und Leibstuhl; für das Nebenzimmer einen fournirten Schreibkasten, für das Haupt-

Am 2. Jänner 1715 geschah der wirkliche Einzug in das neue Konventgebäude; doch war nur das allgemeine Studirzimmer, nicht aber die einzelnen Zellen geheizt.*

Im Jahre 1717, den 12. April, schloß Abt Rupert mit Simpert Kramer v. Edelstetten wegen Fortsetzung des Klosterbaues einen Vertrag. Der Baumeister Kramer erhielt den „Ordinaritisch und Liegerstatt" nebst 30 Kreuzern. Jeder der siebzehn Gesellen hatte 26 Kreuzer. Sie hatten von Früh 5 Uhr an, bis Abends 7 Uhr zu arbeiten. (Baumeister Brenner mußte wegen Krankheit entlassen werden.)

Auch mußte in diesem Jahre die alte, schöne Muttergotteskapelle, (nahe am Platze des heutigen Kapitelsaales) welche im Jahre 1189 eingeweiht worden, der Symetrie wegen dem neuen Klostergebäude Platz machen und abgetragen werden.**

Nachdem man mit den zwei Seitenflügeln des Klostergebäudes schon ziemlich vorgerückt und der Zwischenbau sammt Bibliothek bereits aufgeführt war, ging es an die inneren Verzierungen. Zu den beigezogenen Künstlern gehören der berühmte Venetianer Amiconi, Ruffini, Herrmann und Hieron. Hau von Kempten, Zobel von Memmingen; später Stauder Spiegler, Bergmüller, Erler, Thalheimer u. a.

Indeß traten der Fortsetzung des Klostergebäudes manche Hindernisse entgegen, die den schnellern Fortgang aufhielten und beseitigt werden mußten. Noch immer hatte man mit der Abebnung des Grundes vollauf zu thun, was mehr Mühe kostete, als man im Anfange vermuthet hatte. An einigen Plätzen, wie bei den Vorschußgebäuden des gegen Abend ge-

---

Zimmer ein fournirtes Schreibpult, einen Betschemel, zwei Thüren und ihre Verkleidungen aus eigenem Holz und Leim zu fertigen, und bezog dafür accordmäßig nicht mehr als 25 fl.

* Der Abt schaffte nachher fünf eiserne Oefen, welche 5120 Pfund wogen, den Zentner zu 2 fl. 45 kr. an; sie kosteten mit dem Transport aus dem Würtembergischen 393 fl. 16 kr. 4 hl.

** Feyerabend III. 66.

legenen großen Saales, kam man auf keinen festen Grund, weil sich tief liegende Wasser zeigten. Man mußte daher 18 Fuß tief graben, ehe man einen tauglichen Grund fand. Nebenbei mußte noch die uralte St. Nikolauskapelle abgebrochen werden, was wieder Zeit und Mühe kostete.

Dessen ungeachtet erhielten die südlichen Zimmer zu beiden Seiten der Abtei nebst dem daran stossenden kleinern Speise-Saal und das Stiegenhaus unter der rothen Abtei, wo der Haupteingang in das Konventgebäude führt, wenigstens theilweise Vollendung und Verzierung im Jahre 1721. Auch wurde mit dem Steinmetz Joseph Ottinger ein Vertrag wegen neuer Lieferung von Eichstädter Pflaster- und Simsensteinen geschlossen.*

Im Jahre 1722 legte Abt Rupert den Abteigarten sammt der vom Oekonomiegebäude dahin führenden aufgemauerten Brücke, an. Ebenso wurden im äußern Hof ein Brunnen von Marmor gesetzt und die schöne St. Benediktus-Kapelle und die obere Abtei- oder hl. Kreuzkapelle aufgeführt.

Im Jahre 1723 wurden am großen Portal die zwei großen Statuen aus Sandstein, Sct. Peter und Paul für 100 fl. und das kupferne, im Feuer vergoldete Wappen für beinahe 200 fl. aufgestellt. Nun trat Mangel an großen Steinen, besonders Tuf- und Nagelfluhstein zum Wasserbau ein, da die schon so lange und stark ausgebeuteten Steinbrüche nur mehr spärliches Material lieferten. Da fand man im eigenen Gebiet unweit des Dorfes Egg a. d. G. einen neuen, reichhaltigen Bruch sehr harten Sandsteins. Von diesem Sandstein wurden noch im Jahre 1724 das Portal unter der rothen Winter-Abtei, die sechs Antritte, jeder zu fünf Staffeln zu den an

---

* Vertragsmäßig kosteten 100 geschliffene Steine 18 fl.; ungeschliffene 17 fl. und jeder Simsenstein bis Augsburg 1 fl. 30 kr. Die ganze Lieferung für dieses Jahr (1721) bestand aus 3600 geschliffenen, die man bis Sontheim mit 708 fl. — und aus 2200 ungeschliffenen, die man bis dahin mit 434 fl. — und 77 Simsensteinen, die man mit 153 fl. 30 kr. bezahlte.

den zwei Haupteken des Oekonomiegebäudes gegen den Abteigarten mit schönen Schweifungen angebrachten zwei Gartenhäusern bearbeitet, und mit den Stukatoren ein wochentlicher und mit den Statuariern ein Stückaccord von Neuem abgeschlossen.

Die besten Dienste leistete der neue Steinbruch bei den erforderlichen Wasserbauten zur neuen Mühle, wie auch zum Bräuhaus und zur Metzg ꝛc. Für die Mühle mußte eine neue 150 Fuß lange, an einigen Stellen 16 Fuß breite, und 10 bis 15 Fuß tiefe Bachmutter eröffnet werden, an welcher 36 Maurer für 600 fl. accordmäßig arbeiteten. Die Mühle selbst sammt dem erforderlichen Eisenwerk — (die Kolben zu den aufrechten Wellbäumen, alles Holz und die Mühlsteine schaffte das Gotteshaus) stellten zwei Brüder von Wingensbach, Johann und Joseph Haggemüller her. Im Ganzen genommen kostete die Mühle, ohne Mauerstock, Wölbungen, Kostrechnung für die zwei Meister und die oben ausgenommenen Stücke circa 1554 fl. Ebenso streng und mit noch mehr Kosten ward an dem neuen Bräuhaus, an der neuen Metzg und an den weitläufigen, unterirdischen Gewölben gearbeitet. Aber alles dieses übertrafen und überwogen noch die kostspieligen Verzierungen des äußern Klosters oder vielmehr des Gastgebäudes.

Am 10. Februar 1725 starb der Klosterarchitekt P. Christoph Vogt im 77. Jahre seines Alters, allgemein betrauert. Nach seinem Plan vorzüglich wurde das Klostergebäude aufgeführt. Er setzte sich damit selbst das schönste Denkmal seiner Kenntniß und Einsicht.

Nun waren die Klostergebäude mit Ausnahme mehrerer noch mangelnder Verzierungen sammt den unterirdischen Wasserleitungen, Kanälen und Wölbungen, die fast durch das ganze Gebäude mit ungeheuren Kosten geführt wurden, in der Hauptsache hergestellt. Auch das geräumige Oekonomiegebäude mit zwei Stockwerken über der Erde und durch zwei verhältnißmäßige Zwischentrakte in die Quere getheilt, war seiner Beendigung schon ziemlich nahe — als der Abt schon eine Menge Arbeiter zur Grundlegung einer neuen Kirche in verschiedenen Steinbrüchen anstellte, und eine große

Menge Nagelfluh behauen und abgleichen ließ. Allein es traten doch manche Bedenklichkeiten ein.

Der so lange und mit so vieler Thätigkeit fortgesetzte große Bau, die Ziegelhütten mit ihren ununterbrochenen Bränden, der stets im Feuer erhaltene Kalkofen und besonders noch die Holz fressende Glashütte im sogenannten Otterwald bei Egg ꝛc. hatten nicht nur die herrschaftlichen, sondern auch die Gemeindewaldungen so sehr angegriffen und so hart mitgenommen, daß der Holzwerth seit einigen Jahren nicht nur sehr stieg, sondern der Abt sich auch veranlaßt sah, alle Holzausfuhr nach Memmingen zu verbieten und selbst für die Gemeindewaldungen von Ottobeuren eine beschränkende Holzordnung zu erlassen. Der bankustige Abt begnügte sich also für jetzt damit, daß er den ganzen Umfang des äußern Hofes mit einer Mauer umgeben, in der Mitte mit zwei Wohngebäuden versehen, einige noch unbelegte Gänge mit weißen Steinen pflastern, im mittlern Stockwerk des Gastgebäudes einen philosophischen Hörsaal einrichten, und das Refektorium mit Statuen, Gemälden und schöner Faßarbeit verzieren ließ.

Unterdeß wurde die Arbeit in den Steinbrüchen emsig fortgesetzt; auch lieferte im Jahre 1732 Dominikus Zimmermann von Landsberg zwei Baurisse zur neuen Kirche.

Der untere Gang des Gastgebäudes wurde, gleich allen übrigen, mit weißen Eichstädter Steinen, der äußere Hof mit Kieselsteinen und durch denselben eine Querstraße mit Nagelfluh gepflastert. Das Erdreich wurde gegen die Abend- und Nordseite mit vieler Mühe abgeebnet.

Da man sich bei den damaligen Kriegszeiten nur auf das Nothwendigste beschränkte, so wurden die auswärtigen Steinmetzen und Gypsarbeiter, die 18 bis 19 Jahre in Arbeit gestanden, entlassen und ließ man die nothwendigsten Stücke durch Arbeiter von Ottobeuren und durch inländische Künstler verfertigen.

Im Jahre 1734 wurden die drei Altäre in der Sct. Benediktuskapelle errichtet und gefaßt.

Allmählig reifte auch der Plan zur Erbauung der jetzigen

Kirche. Nachdem seit mehreren Jahren eine Menge Baumaterialien und in allen nahegelegenen Steinbrüchen bearbeitete Nagelfluhstücke zusammengeführt und zurecht gemacht waren, und nachdem bei der nördlichen Kirchenfacade bereits ein fester Grund aufgefunden und eine 8 — 9 Fuß breite Eröffnung gemacht war — kam es zur wirklichen Ausführung des Planes. Am 27. Oftober 1737 Morgens wurde unter dem Haupteingang gegen die Nordseite mit den gewöhnlichen Feierlichkeiten vom Abte der erste Stein gelegt. Dann schritt man zur Einsegnung der Steinpyramide mit der Statue des heiligen Alexander über dem Alexanderbrunnen.*

An der Aufmauerung des Kirchengrundes, welcher in der Breite 8—9, in der Höhe bis zur Erdfläche 30 Fuß betrug, arbeiteten im Jahre 1738 90 und in den folgenden Jahren 125 Mann. Zum Grunde wurden keine andern als wohlbehauene und abgeglichene Steine und Nagelfluh aus den Steinbrüchen gebraucht. Von letzterer Gattung fand man besonders schöne und säulförmige bei Pfandels.**

Am 23. Mai 1739 wurde auch zu dem 275 Fuß langen herrlichen Beamten-Gebäude, wo jetzt das kgl. Landgericht, Rentamt und Forstamt ist, der Grund gelegt durch den damaligen Großkeller P. Honorat Reich.

Am 20. Okwber 1740 starb Abt Rupert II. Er war einer der ausgezeichnetsten aus den Aebten Ottobeurens. Von seiner Baulust sagt Feyerabend:*** So lange er regirte, baute er und zwar Alles meistens in einem großartigen Styl. Alle seine Gebäude empfehlen sich durch Licht, Ordnung, Schönheit und Dauer. Alle Verzierungen sind an ihrem Platze, überall

---

* Diese Steinpyramide wurde im Jahre 1858 abgebrochen und die Statue auf eine Säule des rückwärts gelegenen neu aufgeführten Brunnens versetzt.

** Für 90 Arbeiter machte der tägliche Arbeitslohn 30 fl., die Kost für die Maurermeister und 4 Steinhauer nicht eingerechnet.

*** III. Band pag. 735.

gehen Thür auf Thür, Fenster auf Fenster; selbst die entfernteren Beamtenwohnungen stehen in einer Symetrie mit dem Ganzen. Nach Ruperts Tod wurde Anselm Erb als sein Nachfolger am 23. November gewählt.* Der kostspielige Kirchenbau wurde auch unter ihm mit aller Anstrengung fortgesetzt und das Beamtenhaus im Jahre 1741 vollendet. Bis zum Jahre 1744 war der Kirchenbau zu ansehnlicher Höhe vorgerückt und Abt Anselm ließ den Plan noch einmal durch den bayerischen Baudirektor Effner revidiren.**

Im Jahre 1748 kam man mit dem Bau soweit, daß die alte kindelmannische Kirche, welche 190 Jahre gestanden und eine ganz andere Richtung gegen Sonnenaufgang hatte, die Erweiterung der neuen zu hindern anfing. Der Abbruch wurde am 19. August begonnen und dauerte bis zum Jahre 1753***

Nun ging es mit dem Bau ungehindert fort. Im Jahre 1753 standen die ungemein hohen und dicken Mauern des neuen Kirchengebäudes unter Leitung des Baumeisters Joh. Michael Fischer aus München ganz fertig da. Auch der Dachstuhl, ein Meisterwerk des Zimmermeisters u. Bürgers Michael Klein**** von Ottobeuren, war zusammengefügt, und im nämlichen und folgenden Jahre (1754) mit Platten doppelt eingedeckt. Auch schloß man mit dem Stukator Michael Feuchtmayr von Augsburg den ersten Accord für die innere Verkleidung der Kirche zu 9500 fl. Am 22. August 1754 versah man das kleine Chorthürmchen mit einem kupfernen und im Feuer ver-

---

* Abt Anselm regirte von 1740 — 1757. Er war am 29. Jänner 1688 zu Ravensburg geboren; Profeß den 15. August 1706; Priester am 16. Oktober 1712.

** Abt Anselm beschenkte ihn hiefür mit 100 ungarischen Dukaten.

*** Von nun an wurde bis zur Einweihung der neuen Kirche der Tag- und Nachtgottesdienst in der Benediktuskapelle abgehalten.

**** An einem Balken, unweit der großen Kuppel ist eine hölzerne Tafel angebracht, die folgende Inschrift trägt:

golbeten Kreuz von 7 Fuß Höhe, dann am 5. Oktober die zwei Kapellen mit den ebenso bearbeiteten und verzogenen Namen Joseph und Maria; zuletzt aber am 28. Mai 1755 den mittlern Theil der Kirche mit dem Namen Jesu, zu dessen Vergoldung 102 Dukaten verwendet wurden.

Im Jahre 1755 wurde der letzte Stein der großen mittlern Kuppel eingefügt und 1760 waren beide Thürme fertig.

Um das Jahr 1757 fing man mit der innern Verzierung der Kirche an. Der Stukador M. Feuchtmayr und der Bildhauer Joseph Christian v. Riedlingen legten ihre Modelle vor, die allgemein angenommen wurden. Auch schloß man mit dem berühmten Orgelbauer Karl Riepp wegen Erbauung von zwei großen Orgelwerken einen Kontrakt.*

Der erste Accord lautete auf 13,333 fl. für ihn und seinen geschickten Mitarbeiter Louis Konventtisch. Alles Material hatte das Gotteshaus zu liefern. Die Gesammtausgabe belief sich jedoch auf 30—32,000 fl.

Dis gotts hauf ist aufgericht„
In ehr und Nahm Jesu Christ.
Durch Johan Miechael Klein„
Hoffzimmermaister ganz allein.
Burger unberthan
Daß mich von Hertzen freyen kann.
Aber in Kein Ding mich nit müsch
Als was mein handwerck bringet mit.
Lässe einer in Curtz oder lang„
so wensch er mir das himlische Vatterland.
1753.

Klein bewohnte das Haus Nr. 95 im hiesigen Markte und Abt Anselm befreite, in Anerkennung seiner Geschicklichkeit seinen am Hause befindlichen Garten, 3/4 Tagwerk groß, durch ein Decret vom 17. März 1754 vom Heuzehenten für alle Zeiten.

* Karl Riepp war der Sohn eines Meßners an der nahen Wallfahrtskirche Eldern. In seinen jungen Jahren zog er nach Frankreich und verehelichte sich zu Dijon.

Obgleich man mit doppelter Anstrengung an der innern Verzierung der Kirche arbeitete, so bot sich dennoch wenig Aussicht dar, mit dem Kirchenbau vollständig fertig zu sein bis zum Jahre 1764, dem Tausendsten seit der Stiftung, in welchem man den neuen Tempel einzuweihen hoffte. Da die Verzierung der einzelnen Altäre, die Legung des herrlichen Kirchenpflasters, die Vollendung der Deckengemälde und die Ausschmückung der Kirchenfacade und der beiden Thürme noch geraume Zeit in Anspruch nahmen, so verlegte man die Feier des tausendjährigen Dank- und Jubelfestes und die Einweihung des Tempels auf zwei Jahre (1766) weiter hinaus.

Im Jahre 1765 kamen die vom Silberarbeiter Baur in Augsburg verfertigten, großen Leuchter. Diese sechs Leuchter kosteten 12513 fl. 21 kr.,* die andern, noch vorhandenen, von Messing und versilbert 656 fl. Der Tabernakel, der schon einige Jahre vorher aufgestellt war, wurde mit 6183 fl. bezahlt.

Nun kam es endlich, nachdem man 39 Jahre gebaut, und eine halbe Million aufgewandt hatte, zur wirklichen Einsegnung und Einweihung des neuerrichteten Gotteshauses.**

---

* Diese 6 großen silbernen Leuchter wogen 499 Mark 3 Loth 1 Quint. Die Mark Silber kostete sammt Façon 25 fl. 4 kr. Sie mußten noch vor der Säkularisation verkauft werden, um die schweren Kriegslasten von 1799 ꝛc. zu decken.

** Die Ausgaben beim Kirchenbau vertheilen sich nach den Auszügen aus den Oekonomie- und Großkellereirechnungen so:

Bildhauer sammt Kost	24,800 fl.
Maler	15,780 fl.
Stukador	42,260 fl.
Orgelmacher	31,810 fl.
Schreiner und Gesellen	100,310 fl.
Baumeister . , ...	4,300 fl.
Balier	3,152 fl.
Steinmetz und Steinbrüche . . .	72,533 fl. 14 kr.
Zimmerleut, Holz 3370 fl. . . .	16,015 fl. 55 kr.
Maurer, Handlanger (incl. Beamtenhaus)	98,424 fl. 2 kr.

Latus: 409,385 fl. 11 kr.

Die erste vorgeschriebene, ganz einfache Einsegnung nahm am 31. August 1766 der infulirte Abt Sigmund des heil. Geistordens zu Memmingen und Wimpfen vor. Am 12. September begann die eigentliche Einweihung durch den augsburgischen Weihbischof Freiherrn Fr. Xaver Adelmann von Adelmannsfelden. Die Hauptfeier aber ging am **28. September** durch den Fürstbischof Joseph von Augsburg vor, und kam am Rosenkranzfeste nach achttägiger Dauer zum Hauptschluß

	Transport:	409,385 fl. 11 kr.
Kupferschmid und Kupfer	. . . .	1,051 fl. 16 kr.
Glas	. . . .	2,935 fl. 32 kr.
Bürstenbinder	. . . .	300 fl. 20 kr.
Blei	. . . .	1,019 fl. 58 kr.
Eisen	. . . .	34,139 fl. 33 kr.
Farben	. . . .	1,124 fl. 24 kr.
Gyps	. . . .	6,223 fl. 53 kr.
Holz für die Bildhauer	. . . . .	12,148 fl. 11 kr.
Nußbaumholz	. . . . .	4,402 fl. 7 kr.
Hanf zu Seilen und Seilerlohn	. .	1,607 fl. 3 kr.
Kalk und Flußsand	. . . . .	9,082 fl. 38 kr.
Kohlen und Kohlenbrennen	. . .	2,070 fl.
Fasser, Vergolder sammt Gold	. .	11,792 fl.
Leim, Pech, Oel	. . . . . .	2,248 fl. 34 kr.
Betten und Bettzeug	. . . . .	1,320 fl.
Künstler, Altarblätter ꝛc.	. . . .	13,600 fl.
Malerkost	. . . .	1,900 fl.
Ziegelstadel sammt Holz	. . . .	11,939 fl. 41 kr.
Extra Schreiner, Schlossergesellen	.	2,672 fl.
Rosenwirthshaus	. . . . . .	2,000 fl.
Handfrohnen	. . . .	5,200 fl.
Frohnhaber	. . . .	1,000 fl.
Boten, Botenfuhrlohn, Zoll	. .	400 fl.
6 Extrapferde zu unterhalten	. . .	1,000 fl.
Extrareisen der Künstler	. . . .	800 fl.
Holz in Küche und Pfisterei	. . .	2,000 fl.
Geschirr, ohne bestimmten Titel	. .	3,600 fl.
	Summa:	546,962 fl. 21 kr.
	Obiges Holz dazu:	3,370 fl. — kr.
	Totalsumma:	550,332 fl. 21 kr.

— 12 —

der großen, tausendjährigen Jubiläums- und ersten Kirchweih-Feier. Es fanden sich in dieser Jubelwoche 18,000 Communikanten in Ottobeuren ein. Die ganze Feierlichkeit kostete, wie sie veranstaltet und ausgeführt ward, über 45,000 fl.* — Nun gehen wir an die Beschreibung dieses prachtvollen Gotteshauses.

---

* Nach Auszügen aus den Großkellereirechnungen vertheilen sich die Kosten auf folgende Posten:

Rindfleisch 10 Stiere à 50 fl.	500 fl.
50 Kälber à 3 fl.	150 fl.
1 Kalb von Immenstadt 230 Pfund	24 fl.
100 Stück Schafe à 3 fl.	300 fl.
4 Stück Schweine à 20 fl.	80 fl.
6 Stück Spanferkel à 3 fl.	18 fl.
Geflügel, Indiane, Kapaune	300 fl.
Fische	275 fl.
Wildpret	150 fl.
Confekt	279 fl.
Kräuterwerk	50 fl. 12 kr.
Gewürz, Zucker, Kaffee	343 fl.
Kuchelspeisen in genere	500 fl.
Mundkoch von München Douceur	55 fl.
Reisekosten für denselben	160 fl.
Zuckerbäcker in Memmingen Douceur	11 fl.
Ausländische Weine	390 fl.
Neckar, Markgräfler	1680 fl.
6 Fuder Seewein à 50 fl.	300 fl.
Bier, täglich 10 Eimer	150 fl.
Korn täglich 3 Malter	420 fl.
Roggen täglich 5 Malter	560 fl.
Haber für Gastpferde täglich 30 Vierling	105 fl.
Für kupferne, irdene, eiserne Geschirre u. Lampen	400 fl.
Schmalz, Butter, Salz, Holz in 3 Küchen	700 fl.
Wachs- und Unschlittkerzen	210 fl.
Rusterei:	
Alben, Spitzen, Treppentücher	250 fl.
200 Pfund Wachs	200 fl.
Tabernakel	6183 fl.

Latus: 14,743 fl. 12 kr.

II.
Beschreibung der Kirche.

Wenn man auf der nordöstlichen Seite von Erkheim und Attenhausen her auf der Höhe zwischen der nieblichen Set. Michaelskapelle* und dem Weiler Langenberg, eine Viertelstunde von Ottobeuren anlangt, sieht man unten im Günzthale den Marktflecken liegen, aus welchem sich die prächtige Kirche mit dem weitläufigen Kloster erhebt. Geht man im Markte selbst über die steinerne Günzbrücke, so ist das erste Eckhaus links die Mohrenwirthschaft, wo früher das Amthaus war. Unter der Thüre dieses Hauses stand einst im Jahre 1640, zur Zeit des Schwedenkrieges der schwedische General Horn, um das herrliche Geläute der Kirche zu hören. Die Glocken (große und kleine Hosanna) waren bereits bestimmt, Kanonen-Metall zu liefern; aber auf das flehentliche Bitten des damaligen Abtes Maurus schonte der General die Glocken, von denen die größere, nach der Säkularisation des Stiftes, erst

	Transport:	14743 fl. 12 kr.
Sonstige Verzierung	. . . .	300 fl.
6 silberne Leuchter sammt Transport u. Zugehör		12738 fl. 46 kr.
Messingene und versilberte Leuchter und metallene Stöcke	. . . .	956 fl. 20 kr.
Fassung der heiligen Leiber ꝛc.	. . . .	2150 fl.
Medaillen	. . . .	4561 fl. 3 kr.
Dem Fürstbischof Honorar	. . . . . .	2378 fl. 47 kr.
Sonstige Honore	. . . .	5230 fl.
Service engl. Zinn	. . . . . .	656 fl. 40 kr.
Montirung der Ehrenwache sammt Kost	. .	1646 fl.
	Summa:	15,360 fl. 48 kr.

* Diese Kapelle wurde im Jahre 1714 von dem Abte Rupert II. erbaut. Nach der Säkularisation ging sie ihrem gänzlichen Verfalle entgegen. Erst im Jahre 1852 wurde sie mit einem Kostenaufwande von 1000 fl. wieder restaurirt und dem gottesdienstlichen Gebrauche zurückgegeben.

im Jahre 1806 an den Juden Wolf Levi aus Ems verkauft wurde.* Rechts erblickt man das neuerbaute Rathhaus, dann die geräumige Schule, ehemals die Pfarrkirche zu Sct. Peter und Paul und endlich vor sich den prächtigen Tempel, jetzt Kloster- u. Pfarrkirche unter dem Schutze der hl. Martyrer: Alexander, Theodor und Sebastian. Kirche und Kloster liegen unter dem 47° 56′ 16″ nördlicher Breite und unter dem 27° 58′ 30″ östlicher Länge; 2050 Pariser Fuß über dem Mittelmeer und 530 Fuß höher als der Rathhausplatz in Augsburg.

Vom Marktplatz aus führt eine 20 Fuß breite Treppe in 5 Abtheilungen von je 5 Stufen zur Kirche. Von der Kirche weg senkt sich der Hügel gegen die über 200 Fuß entfernte, von hohen wilden Kastanienbäumen beschattete Straße, von welcher ein mit Obstbäumen gezierter über 50 Fuß breiter Weg zwischen schönen Grasplätzen, die durch steinerne, lebensgroße Statuen des betenden Heilandes und der drei schlafenden Jünger an den Oelberg erinnern, hinführt. Diese erhöhte Lage der Kirche, die in Kreuzform gebaut ist, vermehrt die Wirkung ihrer Renaissanze — Architektur sehr vortheilhaft. Der Styl der Kirche ist der des ausgebildetsten Rococo. Aber wenn man nicht ungerecht sein will, so darf man der genialen Conception des Baues, seinen kühnen Dimensionen und seinen wirksamen Verhältnissen die Anerkennung nicht versagen. Diese architektonischen Maße sind so glücklich gewählt, daß sie selbst einen Fremdling in der Baukunst zur Bewunderung hinziehen.

---

* Sie wog 50—60 Zentner und hatte die Stimmung Eb im französischen Kammerton. Ihre Inschrift lautete:
Anno Dni MCCCCXXXVIIII indictione secunda fusa est hec campana in campiduno ad honorem omnipotis Dei Sanctorum Martirum Theodori et Alexandri patronorum Monasterii in Ottenburen Angustensis Dioecesis sub Venerabili ac religioso in Chro patre et Dmo Joane divina promisione Abate dicti Monasterii. L. D. S. A.
(Im Jahre 1439, als zwei die Römerzinszahl war, ist diese Glocke glücklich gegossen worden in Kempten zu Ehren des allmächtigen Gottes, der heil. Martyrer Theodor und Alexander, Patronen des Klosters Ottobeuren, in der Diözese Augsburg, unter dem ehrwürdigen und gottseligen Vater und Herrn Johannes, aus Gottes Gnaden Abt des genannten Klosters. Gott sei Lob. Amen.)

Von Außen bietet die nördliche Seite der Kirche, eine schöne Bogenfacade von 140 Fuß Höhe mit drei Portalen zwischen vier Säulen, die sammt Gebälk eine Höhe von 90 Fuß erreichen, einen prachtvollen Anblick dar. Das große mittlere Portal ist 25 Fuß hoch, die beiden andern nur 15 Fuß. Auf 7 Stufen zwischen den Piedestalen der Säulen steigt man zu jedem derselben empor. In der Nische des Frontispizes steht die kolossale Statue des hl. Benedikt; zu beiden Seiten auf den Ballustraden jene der hl. Kirchenpatronen Alexander und Theodor. Unter denselben ist der hl. Erzengel Michael, Schutzpatron des ehemaligen Gebietes Ottobeuren. Ober dem Hauptportal befindet sich eine Kupfertafel, worauf mit goldenen Buchstaben folgende Worte stehen:

Das Haus Gottes Und Himmels-Porten.

Diese Facade ist zu beiden Seiten durch die Thürme geschlossen, welche 286 Fuß Höhe haben. Bis zur Kuppel stehen drei Säulenordnungen übereinander, so daß auf die erste Abtheilung 91, auf die zweite 72, auf die dritte 54 Fuß kommen. Die schön geformten mit Kupfer gedeckten Kuppeln haben eine Höhe von 50 Fuß, auf welchen die vergoldeten ovalen, 9 Fuß im längern Durchmesser haltenden Knöpfe mit den 10 Fuß hohen Kreuzen aufgesetzt sind.

Nach der durch den Zimmermeister Heiligensetzer im Jahre 1812 vorgenommenen Messung auf der Nordseite bei den Thürmen ist das Fundament der Kirche 8—9 Fuß dick und 30 Fuß tief von gehauenen Nagelfluh.

Da wir jetzt die Kirche selbst betreten, dürfte eine Zusammenstellung der Maßverhältnisse am rechten Orte sein.

Die Klosterkirche ist nach einer von dem seligen Prior Stephan Postelmayr* am 9. Oktober 1842 mit einem Ertel'-

---

* Er starb während eines Ferien-Aufenthaltes in Ottobeuren am 1. Juli 1855.

schen tragbaren Passage-Instrumente vorgenommenen trigonometrischen Messung nach bayerischem Maße hoch:

Unter der mittern großen Kuppel 122 Fuß
unter der Kuppel im Presbyterium 108 „
Die Rosette des mittern Bogens beim
   Kreuzaltar ist hoch 89 „
Der Durchmesser der Kuppel beträgt 68 „
ihr Radius ist 35 „
Der Tempel des Kuppelgemäldes ist 18 „
Die Figur darin (Maria) 8 „
Der östliche Thurm ist hoch 284 „
   Die Kirche ist lang und zwar:
Das Presbyterium . . . . . . 95 Fuß 5 Zoll
Die Staffeln . . . . . . 8 „ — „
Von den Staffeln bis in die Mitte der Kuppel 35 „ 8 „
Von da bis zur Mitte des Schiffes 75 „ — „
Bis zum Gitter . . . . . . 66 „ 2 „
Vom Gitter bis zur Thür sammt Mauer 26 „ — „
Mauerdicke beim Choraltar . . . . 5 „ 5 „

        Ganze Länge: 312 Fuß
   Breit ohne Mauerdicke:
Im Chor und Schiff . . . . . 71 Fuß 6 Zoll
In der Mitte mit den beiden Kapellen 200 „ — „
Doppelte Mauerdicke à 5 Fuß . . . 10 „ — „

        Ganze Breite: 210 Fuß
   Innerer Flächenraum:
Chor . . . . 4480 ☐ Fuß
Mitte der Kirche . . . . 9900 „ „
Schiff der Kirche . . . . 7700 „ „
Die zwei Kapellen . . . 2500 „ „

   Ganzer Flächeninhalt: 24,580 ☐ Fuß.*

---

* Im Registrum Abbatiale vom Jahre 1802, beßgleichen in einem ältern Manuscript v. Jahr 1793 finden sich nachfolgende Dimensionen:

Tritt man durch das Hauptportal in die Kirche ein, so macht sie durch ihre Größe, ihre Bauart, ihre im lebhaftesten Kolorit gehaltenen Deckengemälde, ihre Bildsäulen und übrigen reichen Verzierungen einen überwältigenden Eindruck auf den Besucher. Zwanzig Säulen von Gypsmarmor mit vergoldeten Kapitälern zieren die Seiten u. acht Wandpfeiler des Tempels, die sammt dem im ganzen Innern sich herumziehenden architektonischen Gebälke eine Höhe von 65 Fuß erreichen.* Auf diesen acht Wandpfeilern liegen die drei steinernen sehr weiten, hohen, leichten und nach einer sehr schönen Form aufgesprengten und geschlossenen Kuppeln auf, welche der Kirche ihre majestätische Ansicht geben. Der Chor sammt dem Hochaltare steht gegen Süden; die zwei großen mit der Kirche verbundenen, und den Querbalken des Kreuzes bildenden Kapellen stehen gegen Osten und Westen; das Portal ist im Norden. Es folgt nun die nähere Beschreibung der Kirche und zwar zuerst des

Chores.

Der Chor (Presbyterium) hat eine Länge von 100 Fuß; die Breite beträgt 71 Fuß 6 Zoll und die Höhe 90 Fuß. Der ganze Chor ist mit Kehlheimersteinen gepflastert nach der gefälligen Zeichnung des Jakob Zeiler.** Die Höhe des

---

Die ganze innere Länge der Kirche hält ohne Mauern 296 Fuß, mit Mauern 316; die innere Breite durch das Kreuz hält ohne Mauern 196 Fuß. mit denselben 212; die Breite durch das Langhaus ohne Kapellen und Mauern 70 Fuß 6 Zoll, mit Mauern 125. Die Höhe unter der Kuppel bis an die Mitte des Gewölbes 122 Fuß; Höhe im Langhaus 94, im Chor 90, des Choraltars 90 Fuß.

* Feuchtmayr erhielt für jede Säule 120 fl. Alle Stukadorarbeiten, die Gypsbas-reliefs im Langhaus und in den Seitenkapellen, sowie die 12 großen Figuren auf dem Hauptgesims sind von Feuchtmayr gefertigt. Er bekam dafür 42,260 fl.

** Mit diesen Steinen ist die ganze Kirche gepflastert, besonders geschmackvoll ist die Zeichnung unter der großen Kuppel, ebenfalls von J. Zeiler.

Chores erreicht der prachtvolle mit sechs Säulen geschmückte **Hochaltar** aus Gypsmarmor, auf welchen das reichvergoldete Gebälk aufliegt. Das Altarblatt stellt das Geheimniß der allerheiligsten Dreifaltigkeit nebst dem der menschlichen Erlösung vor. Es hat 18 Fuß in der Breite, 36 in der Höhe und wurde von Jakob Zeiler, kaiserlich akademischem Maler aus Reute in Tirol 1763 gemalt. Zu beiden Seiten des Altarblattes stehen die Apostelfürsten Petrus und Paulus, zwischen den Säulen der hl. Ulrich, Bischof von Augsburg und der hl. Konrad, Bischof von Konstanz, sämmtlich mehr als lebensgroß aus Gyps und in Alabaster geschliffen von Joseph Christian und M. Feuchtmayr, die auch alle übrigen auf und an den Altären stehenden Statuen verfertigten. Diese vier Statuen sind ohne Zweifel die gelungensten und besten von Allen. Auf dem Altare steht ein kupferner, im Feuer vergoldeter Tabernakel von dem Silberarbeiter Baur aus Augsburg. Zu beiden Seiten des Tabernakels betende Engel und auf demselben steht das Jesuskind mit dem Kreuze. Das Abendmahl in Silber getrieben, ist eine sehr zierliche Arbeit. Hinter dem Hochaltare vertritt ein sehr schöner und sehenswerther Tabernakel aus der findelmannischen Kirche die Stelle eines Sakramenthäuschens. Der Plafond über dem Hochaltare ist, wie sämmtliche Decken-Gemälde, von Jakob Zeiler und stellt die Anbetung des Lammes durch die 24 Aeltesten vor.* Die Kuppel des Presbyteriums hat 45 Fuß im Durchmesser und zeigt uns die neun Chöre der Engel. In den vier kleinen Feldern sind gelb in gelb gemalt: 1) Exod. 14. Der Engel des Herrn, der vor dem Lager der Israeliten herzog, erhebt sich und geht hinter sie und mit ihm die Wolkensäule, für die Israeliten hell, für die Aegypter dunkel. 2) Zach. 3. Der Hohepriester Jesus (Josua, Sohn Josedeks) steht vor dem Engel des Herrn und der Satan steht zu seiner Rechten, ihn anzuklagen. Der Engel reinigt ihn. (Bild der Sündenvergebung und Rechtfertigung). 3)

---

* Bei einigen Deckengemälden half dem Jakob Zeiler sein Bruder Franz Anton. Sie erhielten für alle Freskomalereien der Kirche sammt Kost und Farben 16,904 fl. 50 kr.

Macc. 3. Ein mit schönstem Schmucke bedecktes Pferd sammt einem fürchterlichen Reiter stürzt heftig mit den Vorderhufen auf Heliodorus, der den Tempelschatz berauben wollte. 4) Macc. 3. Zwei Engel geißeln Heliodorus heftig, bis er den Tempel verlassen mußte. Auf dem Gesims des Presbyteriums sind vier allegorische Gypsstatuen: Religion, Glaube, Hoffnung und Liebe.

Zu beiden Seiten des Presbyteriums stehen die ausgezeichnet schön gearbeiteten Chorstühle, auf jeder Seite für je 26 Patres in zwei Reihen, im Ganzen für 52 Herrn. Sie sind aus Nußbaumholz und eine Arbeit des Schreinermeisters Martin Hörmann aus Villingen. Die meisten Theile dieser Chorstühle sind von hinten zusammengeschraubt, daher keine sichtbare Fuge. Die ganze Schreinerarbeit kostete ohne Holz 14,620 fl. Die Rückwände der Chorstühle zieren achtzehn, in jeder Hinsicht vollendete Schnitzwerke in Bas-relief von dem berühmten Bildhauer Jos. Christian aus Riedlingen. Diese Bas-reliefs wurden vergoldet wegen der Ungleichheit der Farbe des Lindenholzes und stellen auf der Epistelseite folgende Züge aus dem Leben des hl. Benedikt vor: 1) Benedictus psallens. (Der hl. Benedikt singt Psalmen. 2) Vocatio Benedicti. (Berufung des Benedikt.) 3) S. Benedictus fontem in monte suscitat. (Der hl. Benedikt ruft auf dem Berge eine Quelle hervor.) 4) S. Benedictus Jdola everlit. (Der heil. Benedikt zerstört die Götzenbilder. 5) S. Benedictus vaticinatur Totilae. (Der heil. Benedikt weissagt dem Totilas. 6) S. Benedictus mortuum revocatum Patri reddit. (Der heil. Benedikt gibt einen vom Tode in das Leben Zurückgerufenen wieder seinem Vater zurück.) 7) S. Benedictus collectum in globo mundum conspicit. (Der hl. Benedikt sieht die ganze Welt in einer Kugel.) 8) Videt animam S. Scholasticae in coelos avolare. (Er sieht die Seele der heil. Scholastika gegen den Himmel fliegen.) 9) S. Benedictus stans moritur et glorificatur. (Der hl. Benedikt stirbt stehend und wird verherrlicht.)

Auf der Evangelienseite sind entsprechende Gegenstände aus dem alten Testamente, nämlich: 1) David psallens. (David singt Psalmen.) 2) Vocatio Abrahami. (Berufung

Abrahams.) 3) Moyses de petra aquas elicit. (Moses schlägt aus einem Felsen Wasser.) 4) Rex Josias excelsa destruit. (König Josias zerstört die Götzenbliber.) 5) Jsaias vaticinatur Ezechiæ. (Jsaias weissagt dem Ezechias.) 6) Elisæus mortuum resuscitatum matri restituit. (Elisäus gibt einen vom Tode Erweckten der Mutter zurück.) 7) Jacob Angelos de- et ascendentes inspicit. (Jakob sieht die Engel ab- und auf- steigen.) 8) Videt animam St. Pauli Eremitæ in cœlum ascendere. (Der hl. Antonius, Einsiedler, sieht die Seele des hl. Paulus, Einsieblers, in den Himmel hinaufsteigen. 9) Elias in Paradisum assumitur. (Elias wird in das Paradies aufgenommen.)*

An den Pfeilern gegen Süden sind die Propheten Daniel und Ezechiel; gegen Norden: Jsaias und Jeremias, Brustbilder und gleichfalls vergoldet.**

Mit den Chorstühlen sind harmonisch zu einem schönen Ganzen verbunden die beiden darüber stehenden großen Orgeln. Vier und zwanzig Atlanten und Caryatiben (Lastträger und Lastträgerinnen) aus Lindenholz und vergoldet, tragen in den verschiedensten Stellungen die Orgelkästen und Ballustraden der beiden Orgelchöre. Die Orgeln sind im Aeußern einander vollkommen gleich, jedoch in der Anzahl der Register von einander verschieden.

Die größere Orgel auf der Epistelseite besteht aus dem Hauptkasten und zwei Nebenkästen, die zur rechten und linken Seite angebracht sind, in welchen sich sämmtliches Pfeifenwerk aus bestem Material hergestellt, befindet. Dieses großartige Werk hat 66 klingende Register, die auf 4 Manualien und ein vollkommenes Pedal zu 25 Tasten vertheilt sind. Auf das erste Manual kommen 11 Register; auf das zweite Cornet

---

* Von diesen Bas-reliefs sind 4 Stücke 7 Fuß und 5 Zoll hoch und 3 1/2 Fuß breit; 6 Stücke 7 Fuß und 5 Zoll hoch und 5 Fuß breit; 4 Stücke 7 Fuß und 5 Zoll hoch und 4 1/2 Fuß breit; 4 Stücke 3 Fuß und 9 Zoll hoch und 4 1/2 Fuß breit.

** Für diese und andere in der Kirche angebrachten Bas-reliefs und Statuen erhielt Joseph Christian sammt Kost 24,000 fl.

resi; auf das dritte (Hauptmanual) 17 und auf das vierte 27 Register. Auf das Pedal treffen 10 Register. Das Werk spielt sich ungemein leicht, die Kraft des Tones der vollen Orgel ist mächtig und unter den einzelnen Stimmen sind besonders lieblich: Salicet, Gamba, Oboe, Cornet, Krumhorn ꝛc. Die Architektur der Orgelkästen entspricht dem Styl der Kirche. Unter dem Hauptwerke ist folgendes Chronologikon angebracht:

ottobVra MILLenarIa
Læta VoCe
Intonat
Deo gratias!

(Das tausendjährige Ottobeuren sagt mit freudiger Stimme Gott Dank.) Dieses Chronologikon gibt die Zeit der Vollendung des Werkes an im Jahre 1764. Am nämlichen Kasten gegen Norden liest man: Laudate Deum in Tympano et Choro. Ps. 150; gegen Süden: Laudate Deum in Chordis et Organo. Ps 150. (Lobet Gott mit Pauken und Chören; lobet ihn mit Saiten und Pfeifen. Pf. 150.)

Die beiden Deckengemälde v. J. Zeiler sehr gut entworfen und ausgeführt, stellen vor: Mariä Verkündigung und die Geburt Christi.

Das Orgelwerk auf der Evangelienseite des Chores ist im Bau und Aeußern dem auf der Epistelseite ganz gleich. Diese Orgel hat aber nur 27 Register, die auf 2 Manualien und das Pedal vertheilt sind. Auf das erste Manual kommen 12, auf das zweite 9 und auf das Pedal 6 Register. Beide Orgeln sind, wie schon Oben bemerkt wurde, das Werk des Orgelbauers Karl Riepp* und kosteten ohne Material 31,810 fl.

Im Jahre 1862 wurde die größere Orgel, welche in der Länge der Zeit durch Staub, Unrath und Natureinflüsse gelitten hatte, von dem Orgelbauer Bohl aus Augsburg gründlich restaurirt und mit 4 neuen, sogenannten Kastencylinderbäl-

---

* P. Placibus Christabler ein ausgezeichneter Organist und Orgelkenner unterstützte den Riepp vielfach mit seinen musikalischen und technischen Kenntnissen.

gen versehen. Die Kosten hiefür beliefen sich auf 792 fl. und wurden von der Pfarrgemeinde gedeckt. Zu wünschen wäre, daß auch das kleinere Werk einer solchen gründlichen und glücklichen Restauration unterworfen würde. Auch an dieser Orgel ist folgendes Chronologikon angebracht:

VnI aC trIno Deo
seMpIterna gLorIa
a Choro
ottobVrano.

(Dem dreieinigen Gott sei immerwährendes Lob vom Chore Ottobeurens.) Aus diesem Chronologikon geht wieder die Jahrzahl 1764 hervor. Gegen Süden liest man: Jubilate Deo omnis terra. Ps. 97; gegen Norden: Cantate et exultate et psallite! Ps. 97. (Jubelt Gott alle Lande; singet und frohlocket und lobsinget!)

Die beiden Deckengemälde dieses Orgelchores stellen die Auferstehung und Himmelfahrt Christi vor. Wir verlassen nun das Presbyterium und steigen über 7 Stufen herab in das

Schiff

der Kirche und zwar zunächst in die an das Chorgewölb stoßende, große Kuppel, die einen Durchmesser von 68 Fuß hat. In dieser Kuppel bildeten Jakob und Frz. Ant. Zeiler die Stiftung der Kirche durch den heiligen Geist auf eine großartige Weise, wie sie selten vorkommen wird. Es war für die Künstler eine schwierige Aufgabe, diesen ungeheuren Raum mit einer ununterbrochenen Darstellung anzufüllen, ohne Lücken die Hauptgegenstände hervorzuheben und doch auch die übrigen zu berücksichtigen. Die Maler haben diese Aufgabe glücklich gelöst. In einem erhabenen Tempel (18 Fuß hoch) ist Maria (8 Fuß hoch), umgeben von den Aposteln, wie der heil. Geist am Pfingstfeste über sie herab kam. Gegenüber sieht man eine weibliche Figur auf einer Kugel stehend, welche die Kirche sinnbildet, zu der die Nationen aller Zonen eilen und sich unter ihrem Schutze selig fühlen. In den vier kleinen Feldern sind al fresco die vier Evangelisten mit ihren Symbolen und zwar gegen Südosten: der hl. Johannes; gegen Südwesten: der hl. Matthäus;

gegen Nordosten: der hl. Markus und gegen Nordwesten: der hl. Lukas. Die vier großen Gypsstatuen auf dem Gesims von Feuchtmayr, sind die großen lateinischen Kirchenväter: Gregor, Hieronymus, Augustinus, und Ambrosius. In der Mitte des Triumphbogens erblickt man das Wappen des Abtes Anselm: Ein weißer Streif mit drei übereinander stehenden goldenen Sternen im blauen Felde. Zu beiden Seiten das Stiftswappen: Eine goldene Rose im schwarzen Felde, und den halben weißen Reichsadler im rothen Felde.

Unter dem Triumphbogen, in Mitte der Stufen steht der Kreuzaltar, in welchem das Ciborium und ein sehr ansehnlicher Kreuzpartikel aufbewahrt wird. An der Vorderseite des Tabernakels ist ein kleines Bas-relief v. Christian: Die Jünger erkennen zu Emaus den Herrn am Brodbrechen. Auf dem Altare ist ein uraltes, beim Volke in großem Ansehen stehendes Christusbild. Dieses byzantinische Christusbild gehört ohne Zweifel dem zwölften Jahrhundert an, und findet sich schon in einem handschriftlichen Meßbuche aus dem 13. Jahrhundert und die zwei seligen Aebte Rupert I. († 1145) und Isingrin († 1180) knieend an beiden Seiten desselben. Als die alte Todtenkapelle, wo es sich früher befand, im Jahre 1716 dem Neubau des Klosters weichen mußte, wurde es vom Abte Rupert in die Benediktuskapelle gebracht. Abt Anselm wies ihm den Platz an, den es gegenwärtig noch einnimmt. Die Krone auf dem Haupte des Bildes gehört dem vorigen Jahrhundert an und ist von Silber. Zu beiden Seiten des Altares sind sechs vergoldete Engel aus Holz, theils betend, theils Leuchter tragend. Dieser Altar ist so gebaut, daß er weder den Blick auf den Hochaltar, noch den Gesammteindruck des Presbyteriums im Mindesten stört.

An den Pfeilern der Kuppel stehen vier Altäre in einfacher Architektur aus Gypsmarmor. Gegen Südosten befindet sich der Sct. Michaelsaltar. Statt eines Altarblattes ist die lebensgroße Statue des hl. Erzengels Michael angebracht. In dem quer über den Altar liegenden Sarge ruht der Leib des heil. Maurus, Diakons.* Gegen Südwesten steht der

---

* Die Leiber des hl. Maurus und Januarius wurden von Franz Chaloto, einem Benediktiner v. St. Blasien im Schwarzwalde im Jahre

Schutzengelaltar mit dem Leibe des heil. Januarius Subdiakons; gegen Nordosten der Altar des heil. Johannes des Täufers mit dem Leibe des heil. Martyrers und Arztes Bonifazius, und gegen Nordwesten der Sct. Josephs-Altar mit dem Leibe des heil. Martyrers Benedikt.*
Sämmtliche vier Statuen, die beste darunter der heil. Johannes, sind von Christian und Feuchtmayr aus Gyps und in Alabaster geschliffen. Die vier heil. Leiber wurden in Mindelheim bei den englischen Fräulein gefaßt und kosteten 2150 fl.
An dem Pfeiler neben dem Sct. Josephsaltar ist die leichte und gefällige Kanzel, nach der Zeichnung des J. Zeiler von Feuchtmayr in Gypsmarmor ausgeführt. Am Bauche der Kanzel sind drei vergoldete, in Lindenholz von Christian geschnitzte sinnige Bas-reliefs: Christus sendet die Apostel aus in alle Welt; Judas im Begriffe sich zu erhängen, und endlich die Bekehrung des hl. Paulus. Zwei Engel halten eine Tafel, auf der die Worte stehen: Euntes docete omnes gentes. (Gehet und lehret alle Völker.) Auf dem Deckel der Kanzel ist die Verklärung Christi auf Thabor dargestellt. Zu Oberst ist Gott Vater, dann Christus, und zu beiden Seiten Moses und Elias, zu den Füßen Jesu sind die drei Jünger. Die Engel auf dem Gesims der Kanzel symbolisiren die 5 Erdtheile, in denen die frohe Botschaft von dem Reiche Gottes verkündigt wird.**

1623 in Rom für Ottobeuren erworben, und im Jahre 1624 dahier feierlich ausgesetzt. Der hl. Maurus war Diakon des Papstes Stephan und wurde nach erlangter Marterkrone in der Via latina begraben. Sein Fest wird am 1. August gefeiert. Der hl. Januarius war Subdiakon des Papstes Xystus, mit dem er den Martertod erlitt, und wurde auf dem Friedhofe des Prätextus begraben. Sein Fest trifft auf den 8. August.

* Der Leib des hl. Bonifazius kam im Jahre 1685 hieher, und der des hl. Benedikt wurde von dem hiesigen Konventualen P. Lambert Katan 1675 persönlich aus Rom mitgebracht.

** Alle Figuren sind, wie beim Aufbau über den Taufstein aus Gyps und in Alabaster geschliffen.

Der Kanzel gegenüber ist der Taufstein von Marmor aus der Gegend bei Füßen. Ueber dem Taufstein ist ein Aufbau, ähnlich der Kanzel, gleichfalls nach der Zeichnung des J. Zeiler. Das Bas-relief hat passend den Sündenfall unserer Stamm-Eltern zum Gegenstand. Ober dem Bas-relief ist die Taufe Jesu durch Johannes. Auch hier halten zwei Engel eine Tafel mit folgender Inschrift: Baptizantes eos in Nomine Patris et Filii et Spiritus sancti. Matth. 28. (Taufet sie im Namen des Vaters u. des Sohnes u. des hl. Geistes. Matth. 28.) Der Aufbau und die Statuen sind von Feuchtmayr.

Das Gemälde der Kuppel in der Mitte des Kirchenschiffes steht in inniger Verbindung mit dem der großen Kuppel, und zeigt uns diejenigen Heiligen des Benediktiner-Ordens, welche sich um die Ausbreitung des Christenthums und der wahren Kirche besonders verdient gemacht haben. Zeiler beurkundet mit diesem Frescogemälde eine seltene Leichtigkeit in Behandlung der schwierigsten Stoffe. Das schwarze Ordenskleid gestattete ihm wenig Lebhaftigkeit der Farben und dennoch sollte das Ganze einen vortheilhaften Eindruck auf den Beschauer machen, was Zeiler durch schöne Gruppirung, korrekte Zeichnung und durch einen eigenen Reiz, besonders der jugendlichen Köpfe nach unserer Ansicht vollkommen erreichte. In den vier kleinern Feldern unter der Kuppel sind gelb in gelb Scenen aus der Ordensgeschichte. Auf dem Gesims sitzen die allegorischen Figuren der Betrachtung, des Gehorsams, der Armuth und der Keuschheit, sämmtlich mehr als lebensgroß von Feuchtmayr in Gyps gearbeitet. Ober den Seitenkapellen des Schiffes sind zwei Gypsbas-reliefs: Der verlorne Sohn macht sich auf, um zu seinem Vater zurückzukehren, und diesem entgegengesetzt: Christus der gute Hirt, trägt das wiedergefundene Schäflein auf seinen Schultern. Unter diesen Bas-reliefs sind die Brustbilder der Apostel Thomas, Philipp, Jakob und Johannes.

Kehren wir wieder zurück zur großen Kuppel, so liegen zu beiden Seiten zwei ansehnliche Kapellen und zwar gegen Aufgang der Sonne die Elternkapelle. Der Hauptaltar, 70 Fuß hoch, steht gegen Osten und ist in schöner und gefälliger Architektur mit zwei Säulen aus Gypsmarmor aufgebaut. Das

Altarblatt, 25 Fuß und 8 Zoll. hoch, 13 Fuß und 9 Zoll breit, ist von J. Zeiler gemalt und stellt das Martyrium des heil. Alexander, einer der sieben Söhne der heil. Felizitas, vor. Oben, in einem kleineren Gemälde, schweben Engel mit Palmen und der Siegeskrone hernieder, um sie dem jugendlichen Blutzeugen zu überbringen. Zu beiden Seiten des Altarblattes stehen die lebensgroßen Statuen: Der heil. Theodor und der heil. Sebastian von Christian und Feuchtmayr. In der Nische des Altars ist das Gnadenbild „Maria in den Eldern" dem Volke zur Verehrung ausgesetzt. Dieses liebliche Bild aus gebranntem Thon gehört dem Anfange des 15. Jahrhunderts an. Es befand sich früher in der Wallfahrtskirche zu Eldern, das eine Viertelstunde vom Markte entfernt ist.

Die Hauschronisten schreiben über die Entstehung und den Fortgang dieser Wallfahrt Folgendes: Im Jahre 1466 ward eine kranke Person unserer Pfarrei in einem nächtlichen Gesichte ermahnt, bei der seligsten Jungfrau, von der ein Bildniß im nahegelegenen Eldern-Wäldchen (Erlen) zu finden sei, Hilfe gegen ihre Schmerzen zu suchen. Sie fand das Bild an einem Baume, warf sich im Gebete vor ihm nieder und erlangte die volle Gesundheit. Jobok Mayr, genannt der Kappeler, ein Bauersmann aus dem nicht weit entfernten Weiler Neuthe, ließ eine hölzerne Kapelle über das aufgefundene Gnadenbild errichten. Bald darauf erhielt auch eine andere Frau Hilfe in einem Anliegen, wogegen ein gewisser Frevler, der lange Schuster, welcher aus Muthwillen einen Pfeil gegen das Gnadenbild schoß, todt zur Erde fiel.

Abt Wilhelm von Ottobeuren errichtete über diese Kapelle von Holz ein Chorgebäude, das im Jahre 1487, am Vorabend des heil. Apostels Andreas durch den Weihbischof Ulrich Geißlinger feierlich eingeweiht wurde. Da sich die Zahl der Pilger immer vermehrte, so entschloß sich Abt Benedikt im Jahre 1682, eine geräumige Priesterwohnung zu erbauen und erhob den Ort später zu einem Subpriorat, das aber erst unter Abt Gordian im Jahre 1696, am 10. Januar bezogen wurde. Die ersten Bewohner waren der resignirte Abt Benedikt, P. Bonifaz Katan als erster Subprior, und P. Plazibus Kuen.

Am 16. März 1696 schenkte Abt Gordian dem Subpriorate Eldern „zum bessern Auskommen" das ganze Gut Böglins und einen Weinberg zu Kippenhausen am Bodensee. Dieser Abt fing auch im Jahre 1702 den Bau einer neuen Wallfahrtskirche an nach dem Plan des P. Christoph Vogt, und vollendete denselben im Jahre 1710 mit einem Kostenaufwande von 7967 fl.

Am 9. Mai desselben Jahres weihte Kasimir Röls, Weihbischof des augsburgischen Bischofs Alexander Sigismund die Kirche sammt den sechs Altären ein, die leider, in Folge der Säkularisation, im Oktober d. J. 1806 abgebrochen wurde. Ein kleiner Elbernbaum, gepflanzt im Jahre 1816, zeigt noch die Stelle des Hochaltars. Das Gnadenbild kam in die Hände des damaligen Pfarrers P. Theodor Klarer und wurde im Konventkrankenzimmer des hiesigen Klosters aufgestellt. Den 15. Juni 1812 mußte das Bild an den damaligen kgl. Landrichter v. Kolb ausgeliefert werden, der es dann dem Dekan Schebel in Pleß übergab, um solches an das bischöfl. Ordinariat in Augsburg einzusenden. Als die Benediktiner v. St. Stephan in Augsburg das hiesige Kloster und die Pfarrei erhielten, bewarb sich der hochselige Abt Barnabas, früher Konventual des Stiftes, um das Gnadenbild, war so glücklich, dasselbe zu erhalten und nachdem er es von der verunstaltenden Bekleidung gereinigt hatte, setzte er das Gnadenbild am 10. Oktober 1841 auf dem genannten Altare feierlich aus. Die Anzahl der jährlichen Kommunikanten in Eldern belief sich auf 17—20,000.

Zu beiden Seiten dieses Altares sind sehr schöne, aus Eichenholz gearbeitete Beichtstühle v. Hörmann. Ueber dem Beichtstuhle auf der Evangelienseite ist ein Bas-relief, v. Christian aus Lindenholz geschnitzt und vergoldet: Der hl. Petrus weint bitterlich. Zwei Engel halten die Inschrift: Egressus foras flevit amare. Matth. 26. (Er ging hinaus und weinte bitterlich. Matth. 26.) Das Bas-relief über dem Beichtstuhle auf der Epistelseite zeigt uns die büßende Magdalena; zwei Engel halten eine Tafel mit diesen Worten: Remittuntur ei multa peccata, quoniam dilexit multum. Luc. 7. (Ihr werden viele Sünden vergeben, weil sie viel geliebt hat. Luk. 7.)

An der Südseite der Kapelle ist der St. Benediktus-Altar von einfacher Architektur und aus Gypsmarmor. Das Altarblatt stellt uns den hl. Benedikt vor, wie er auf der Höhe von Monte Cassino das Evangelium verkündigt, gemalt von Mages aus Augsburg im Jahre 1766. Zu beiden Seiten des Altares sind der hl. Plazidus und der hl. Maurus, Gyps-Statuen. Ueber der Thür in die Sakristei ist ein kleines Oelgemälde, der hl. Petrus, v. J. Zeiler. Diesem Altare gegenüber steht der gleichgebaute St. Ursula-Altar. Das Altarblatt, St Ursula in der Glorie wurde von Januar Zick aus Koblenz gemalt, und ist nicht ohne Kunstwerth. Zu beiden Seiten des Altarblattes sind die heil. Barbara und die heil. Agatha.

Der Plafond dieser Kapelle stellt das standhafte Bekenntniß der hl. Felizitas mit ihren sieben Söhnen vor dem Präfekten Publius dar.

Der Elbernkapelle gegenüber liegt die sogenannte schmerzhafte Kapelle. Der Hauptaltar steht gegen Westen und ist dem in der Elbernkapelle ganz gleich. Das 25 Fuß hohe und 13 Fuß breite Altarblatt zeigt uns im Vordergrunde Papst Pius V. im Gebete um Glück für die christlichen Waffen, im Hintergrunde den Sieg bei Lepanto über die Türken. Ober dem Hauptblatte ist ein kleineres Oelgemälde: Maria reicht dem hl. Simon Stock, General des Karmeliten-Ordens, das Scapulier dar. Beide Blätter wurden von J. Zeiler gemalt. Zu beiden Seiten des Altarblattes sind der hl. Dominikus und die hl. Theresia von Cristian und Feuchtmayr. In der Nische des Altares steht ein gekleidetes, schmerzhaftes Muttergottesbild aus dem vorigen Jahrhundert. Im Ausdrucke des Angesichtes liegt ein hoher und edler Schmerz.

Ueber dem Beichtstuhle auf der Epistelseite ist das Holz-Bas-relief: Der Zöllner und Pharisäer beten im Tempel. Dabei liest man: Qui se humiliat, exaltabitur. Luc. 18. (Wer sich erniedriget, wird erhöht. Luk. 18.) Das Bas-relief über dem Beichtstuhle auf der Evangelienseite zeigt uns die

Ehebrecherin vor Christus. Zwei Engel halten die Tafel, auf welcher folgende Worte stehen: Vade et jam amplius noli peccare. Joh. 8. (Geh' hin und sündige nicht mehr. Joh. 8.) An der Südseite der Kapelle steht der St. Scholastika-Altar. Das Altarblatt, den Besuch des hl. Benedikt bei seiner Schwester Scholastika vorstellend, wurde von J. Mages 1766 gemalt. Zu beiden Seiten desselben sind die hl. Gertrud und die heil. Walburga. Diesem Altare gegenüber ist der St. Anna-Altar. Die heil. Mutter Anna, wie sie ihr heil. Töchterchen unterrichtet, wurde von J. Zick 1766 gemalt und hat einen hohen Kunstwerth, besonders gut ist die Mutter Anna. Rechts und links sind die Gypsstatuen Zacharias und Elisabeth mit dem Spruchzettel: Benedicta inter mulieres. (Du bist gesegnet unter den Weibern.) Sämmtliche Altäre dieser und der Elvernkapelle sind reich vergoldet und mit zahlreichen Reliquien geziert.*

Ueber dem Eingang in das Beichthaus ist die heilige Magdalena von J. Zeiler. Der Plafond von dem nämlichen Künstler zeigt uns Maria als Fürbitterin bei ihrem göttlichen Sohne für ihre Pflegkinder. Im Hintergrunde erblickt man das elbrische Gnadenbild in seiner früheren Bekleidung.

Ein Durchgang durch den Pfeiler gegen Norden führt aus der schmerzhaften Kapelle in die St. Nikolauskapelle. Der ganz einfache Altar steht, wie alle Altäre in den Nebenkapellen des Kirchenschiffes, frei da. Auf dem Altare befindet sich ein hölzerner, verschlossener Reliquienschrein mit der Inschrift: Corpus St. Cœlestini M. Hic ita expositum MDCCLXXI. (Leib des hl. Martyrers Cölestin. Hier so ausgesetzt 1771.) Das Altarblatt an der südlichen Wand zeigt uns den heil. Bischof Nikolaus, gemalt v. J. J. Zeiler. Rechts und links vom Altarblatte stehen zwei Engelsstatuen. Das Plafondgemälde stellt eine Scene aus dem Leben des heil. Nikolaus vor, wie er drei von dem Stadtvogte Eustachius ungerecht zum Tod Verurtheilte den Händen der Henker entreißt.

---

* Die Faßarbeit der 4 Nebenaltäre in den beiden Seitenkapellen übernahm J. G. Sinner, Maler aus Beningen, für 900 fl.

Gegen Norden, über dem Eingang in die St. Johannes kapelle, hängt ein großes Oelgemälde, wahrscheinlich aus der alten Kirche, Mariä Himmelfahrt v. Christoph Storer aus Konstanz im Jahre 1617 gemalt. An der westlichen Seite befindet sich ein hölzernes, marmorirtes Epitaphium, auf dem folgende Worte stehen:

Fundatoribus
Piissimis ac Liberalissimis
Liberi Jmperialis et Exempti hujus Monasterii
Sylacho Magno Alemaniæ Duci,
Ermiswindae Uxori, Comitissæ Jlargoviæ,
Gauciperto Episcopo Viennensi,   Filiis
Tottoni, Abbati Ottoburano,   Eorum
Dagoberto Cœlibi ac Laico   et
Et Richgardi Virgini   Filiæ
Hoc perpetuæ Gratitudinis Monumentum
Obstrictissimi et Devotissimi Servi
Honoratus Abbas, Totusque Conventus Ottoburanus
Posuerunt

Anno post {
Jncarnationem Verbi MDCCLXXII,
Fundationem hujus Monasterii MVIII,
Emptam Libertatem ab omni Regia servitute, Expeditione Exercitali Curali Jtineratione et omni Regni Negotio DCCC.
}

(Den überaus frommen und freigebigen Stiftern dieses gefreiten Reichsgotteshauses: Sylach, einem mächtigen Führer Alemaniens, Ermiswind, seiner Gemahlin, einer Gräfin des Jllergaues; dann ihren Kindern: Gauzipert, Bischof von Vienne, Totto, Abt von Ottobeuren, Dagobert, einem Laien und Richgard einer Jungfrau, setzten dieses Denkmal beständiger Dankbarkeit die verbundensten und ehrfurchtsvollsten Diener, Honorat Abt und der ganze Konvent zu Ottobeuren, im 1772sten Jahre nach Christi Geburt, im 1008ten nach der Gründung dieses Klosters, im 800sten nach erkaufter Befreiung von aller kgl. Dienstpflicht, von dem Heereszuge, von der Begleitung des Hoflagers und aller Mitabwandlung von Reichs-Geschäften.)

In dieser Kapelle sind auch die Apostel Jakobus, der

'Jüngere, und Paulus in Brustſtücken mit ihren Leidensinſignien in Ovalrahmen, Bas-reliefs in Gyps von Feuchtmayr.

Ein Durchgang durch die nördliche Scheidewand führt in die St. Johanneskapelle. Auf dem Altare ruht in einem hölzernen Sarge der Leib der hl. Martyrin Feliziana. Das Altarblatt gegen Süden, gemalt von Franz Anton Zeiler, ſtellt den hl. Johannes v. Nepomuk vor, wie er zu Maria betet. Zu beiden Seiten befinden ſich die Gypsſtatuen: Der hl. Franz von Sales und der hl. Karl Borromäus. Der Plafond zeigt uns den hl. Johannes, wie er ſich ſtandhaft weigert, dem Kaiſer Wenzel Etwas aus der Beicht ſeiner Gemahlin zu entdecken.

Auch in dieſer Kapelle iſt ein ähnliches Epitaphium, wie in der vorigen, und trägt folgende Inſchrift:

Monachis
Benedictini hujus Cœnobii
Quorum
Nomina in Libro Vitæ
Scripta sunt:
præsertim

Beatis { Hattoni Presbitero
a S. Udalrico in Dei Nomine incluso;
Brunoni Converso
Hattonis Jmitatori piissimo:
Et
Bernoldo Sacerdoti
Contemplatori Eximio;

Quorum
Corpora huc translata sunt,
Jstud Monumentum
fecit
Grata Posteritas
MDCCLXXII.

(Den Mönchen dieſes Benediktinerkloſters, deren Namen im Buche des Lebens eingeſchrieben ſind, beſonders den Seligen: Hatto, einem Prieſter, der im Namen Gottes von dem heil. Ulrich eingeſchloſſen wurde; Bruno, einem Laienbruder und eifrigſtem Nachfolger des Hatto und dem Prieſter Bernold,

einem vorzüglichen Geistesmanne, deren Ueberreste hier beige
setzt wurden, errichtet dieses Denkmal die dankbare Nachkom
menschaft im Jahre 1772.)*
Das große Oelgemälde gegen Norden stellt die heil
Kirchenpatronen Alexander, Theodor und Sebastian vor und
wurde für die alte Kirche von dem Maler Sichelbein aus
Memmingen 1600 gemacht. Unter dem Gemälde befindet sich
ein sehr schöner, aus Eichenholz gefertigter Beichtstuhl von den
Kunstschreiner Hörmann. Auch zieren diese Kapelle die Brust
bilder der Apostel Matthias und Thaddäus.

Zwischen der genannten Kapelle und der ihr gegenüber
liegenden Antoniuskapelle, etwas rückwärts, befindet sich der
hintere Musikchor, getragen von zwei Säulen aus Gypsmar
mor. Die Orgel, nach dem Urtheile des Orgelbauers Bohl
gleichfalls von Riepp, hat 2 Manualien, 15 Register und ein
vollständiges Pedal. Sie befand sich früher in der St. Be
nediktuskapelle.** Auf der Ballustrade des Chores stehen

---

* Der selige Hatto stammte von adelichen Eltern, trat in das
hiesige Kloster ein und brachte nebst seinem väterlichen Erbe demselben
die Pfarrei Beningen zu. Hatto fühlte in sich eine besondere Nei‹
gung zum beschaulichen, abgesonderten Leben. Er entdeckte dieß sein
Verlangen dem hl. Bischof Ulrich. Dieser prüfte ihn und fand, daß
sein Verlangen von Gott komme. Er schloß ihn deßhalb in eine enge
Zelle an der Kirche ein. Hier führte er nun ein strenges Büßerleben
und beschloß dasselbe am 4. Juli 985. Bruno ließ sich gleichfalls nach
dem Beispiele Hatto's in eine ganz enge Zelle einschließen und lebte
in derselben ein Leben der strengsten Abtödtung und Betrachtung bis
in den Tod. Gott verherrlichte sein Grab durch viele Wunder. Ein
Jahrhundert später lebte der Priester und Mönch Bernold ein hl.
Leben und starb im Rufe großer Heiligkeit. Bischof Ubalskalk erhob
im Jahre 1189 seinen Leichnam aus dem ursprünglichen Grab und
setzte ihn im Michaelschore bei. Abt Kaspar Kindelmann legte im
Jahre 1553 die Reliquien dieser drei heil. Mönche in einen steiner‹
nen Sarg und ließ ihn in das Kapitelhaus übertragen. Jetzt sind
diese Ueberreste hier, in der Wandnische beigesetzt.

** Die Zeichnung zu einer großen Orgel auf diesen Chor ist noch
vorhanden, konnte aber nicht mehr ausgeführt werden.

fünf aus Holz geschnitzte und vergoldete Statuen, nämlich: die hl. Jungfrau Maria, der hl. Ev. Johannes, die hl. Magdalena, die hl. Martha u. Joseph von Arimathea; sie sind eine Arbeit des Bildhauers Jos. Weinmüller aus dem Jahre 1782 und standen früher auf der Ballustrade, die das Presbyterium vom Kirchenschiffe abschloß.

Das Deckengemälde über dem Musikchore stellt die Stiftung, Bestättigung und Erhaltung des Gotteshauses dar. Rechts erblickt man den Stifter Sylach mit seiner Gemahlin und den Söhnen; zwei Edelknaben halten den Plan der alten Kirche mit der Gründungsjahrzahl 764. Links sieht man die Wohlthäter des Klosters, Karl den Großen, mit seiner Gemahlin Hildegard, den hl. Ulrich u. s. w. In der Mitte kniet Abt Anselm, Erbauer dieser Kirche, die auch den Hintergrund bildet. Zwei Engel halten ein Spruchband mit diesen Worten: Crescas in mille millia. Genes. c. 24. (Wachse zu tausendmaltausend. Genes. 24.) In den Wolken schweben Engel, welche die hier aufbewahrten Heiligthümer tragen, wie den Alexandersmantel, das spanische Kreuz rc. Der Aufgang in den Musikchor ist in den beiden Thürmen.*

---

* In den Thürmen hängen folgende Glocken: 1) Die große Hosanna, welche die Pfarrgemeinde zur Erinnerung an die Feier des eilfhundertjährigen Jubiläums gestiftet hat. Sie wurde 1864 von Hermann aus Memmingen gegossen und trägt folgende Inschrift am Kranze: Vivos voco, mortuos plango, fulgura frango, Nomen meum Hosanna. (Ich rufe die Lebenden, betraure die Todten und breche die Blitze. Mein Name ist Hosanna.) Am untern Kranze ist folgendes Chronologikon: fVnestæ sæCVLarIsatIonIs noXaM CaVsa IVbILæI eCCLesIæ sVæ paroChIanI ottobVræ Lætanter LVere VoLVnt. (Das Vergehen der beklagenswerthen Säkularisation wollen die Pfarrkinder Ottobeurens wegen des Jubiläums ihrer Pfarrkirche freudig wieder gut machen.) Die Glocke wiegt bei 80 Zentner und hängt allein im westlichen Thurme. 2) Die kleine Hosanna, 35 Ztr. schwer. Im obern Kranze liest man: Aus dem Feuer bin ich geflossen, Johann Spanagl in Landsberg hat mich gegossen. Weiter unten steht folgende Inschrift:

Der Raum unter dem Musikchore ist durch ein schönes, eisernes Gitter, das im Jahre 1792 zu Königsbrunn in Würtemberg gefertigt wurde, 150 Ztr. schwer ist und 5500 fl. kostete, von dem Kirchenschiffe getrennt, und bildet die sogenannte Portkirche. Die Deckengemälde sind gut gewählt und enthalten Scenen aus dem Evangelium. Das mittere Feld, gemalt von J. Zeiler 1763, zeigt uns Christus, wie er die Verkäufer aus dem Tempel vertreibt; in den beiden Seitenfeldern sind das Gebet des Zöllners und Pharisäers und der Opfergroschen der Wittwe dargestellt.

Auf dem Fußboden, unweit des Gitters und gegen die Mitte des Schiffes befindet sich der Grabstein des Abtes Honorat, 4 Fuß und 8 Zoll lang und 2 Fuß 8 Zoll breit, auf dem man Nachstehendes liest:

            Anno MDCCCXVII
          Campanam istam longo
      Tempore ac labore fractam fideles
        Parochiani suis impensis
           reparari fecerunt.
              Hosanna.

(Diese Glocke, welche durch den langen Gebrauch zersprang, ließen die Pfarrangehörigen auf ihre Kosten 1817 umgießen. Hosanna.) 3) Die Eilfuhrglocke. Ihre Inschrift lautet: Ecce Crucem Domini fugite partes adversae vincit leo de tribu Juda Radix David. MDLXXVII. (Sehet das Kreuz des Herrn, weichet ihr bösen Mächte; es siegt der Löwe aus dem Stamme Juda, die Wurzel David. 1577.) 4) Die Zwölfuhrglocke. Sie trägt die Umschrift: Jhesus Nazarenus rex Judeorum titulus triumphalis defendat nos. MDLXXVII. (Jesus von Nazareth, König der Juden, ein siegreicher Titel, beschützt uns. 1577.) 5) Die Mariaglocke mit dieser Umschrift: Regina sine labe concepta ora pro nobis. (Königin, ohne Sünde empfangen, bitt für uns.) Hermann aus Memmingen goß sie und die folgende 1864. 6) Die St. Benedittusglocke mit der Umschrift: Benedictus Deus in sanctis suis. (Gott sei gepriesen in seinen Heiligen.) 7) Die Antlaßglocke. Ihre Umschrift ist nicht mehr leserlich. Die in diesem Thurme befindliche Uhr ist eine Arbeit des Großuhrmachers F. Xaver Liebherr v. Immenstadt und wurde im Jahre 1771 unter Abt Honorat angeschafft.

S.
H.   P.
J.
Obiit XVII Jul.
MDCCCII.

Nach der eigenen Deutung des Abtes Honorat lautet die Inschrift vollständig: Sepulchrum Honorati peccatoris infirmi ꝛc. (Grab des Abtes Honorat, eines schwachen Sünders. Er starb am 17. Juli 1802). Der St. Johanneskapelle gegenüber ist die St. Antoniuskapelle. Der Altar steht nach Süden, und auf ihm ruht der Leib der hl. Martyrin Viktoria, welcher durch P. L. Katan im Jahre 1675 aus Rom hieher gebracht wurde. Das Altarblatt, von Jakob Zeiler, stellt den hl. Antonius vor, wie er das Jesuskind anbetet. Zu beiden Seiten sind die in Alabaster geschliffenen Gypsstatuen des hl. Franziskus Seraphikus und des hl. Bernhard. Ober dem Eingang in den Thurm befindet sich ein großes Oelgemälde, gemalt von J. Fr. Sichelbein, 1600, Longinus öffnet die Seite des Herrn. Der Beichtstuhl dieser Kapelle ist v. Hörmann. Das über der Mauernische angebrachte Epitaphium trägt folgende Aufschrift:

Abbatibus
Imperialis et Exempti hujus Monasterii,
Quorum
Memoria in Benedictione æterna!
praesertim
Beatis { Ruperto I. Abb. XVII.
et
Conrado I. Abb. XX.
quorum
Reliquiæ Hic quiescunt
Jstud
Monumentum erexit
Abbas LIV.
MDCCLXXII.

(Den Aebten dieses gefreiten Reichsgotteshauses, deren Andenken im ewigen Segen sei, insbesonders den Seligen: Rupert I., 17ten Abte, und Konrad I., 20sten Abte, deren

Ueberreste hier ruhen, setzte dieses Denkmal der 54ste Abt im Jahre 1772.)

Der Plafond stellt eine Scene aus dem Leben des heil. Antonius vor, wie ein Maulthier sich vor dem Hochwürdigsten auf die Knie niederläßt. Auch sind in dieser Kapelle die Brustbilder der Apostel Simon und Bartholomäus.

Ein Durchgang durch die Scheidewand gegen Süden führt in die St. Martinskapelle. Auf dem Altare wird der Leib des hl. Pontianus aufbewahrt. Das Altarblatt v. Frz. Anton Zeiler, zeigt uns den hl. Martin auf dem Sterbebette, umgeben von seinen Klerikern. Zu beiden Seiten desselben sind Engelsstatuen mit Palmzweigen. Der Plafond stellt den hl. Martin vor, wie er einem Armen ein Stück seines Mantels mittheilt. Das Epitaphium an der Ostwand enthält folgende Worte:

Sanctis
Quorum Reliquiæ in Præsenti Ecclesia
Vel propter Multitudinem Copiosam
Altaribus includi non potuerunt,
Vel per Rusticorum et Hæreticorum
Furorem aliquando prophanatæ ac confusæ sunt;
Locus iste Sanctus et Honorificus
Specialiter Consecratus est
Anno Salutis MDCCLXXII.
Post Rebellionem et Apostasiam
Brevem Anno MDXXV
Quorundam Subditorum Nostrorum
CCXLVII.

(Den Heiligen, deren Ueberreste in gegenwärtiger Kirche entweder wegen zahlreicher Menge den Altären nicht einge= schlossen werden konnten, oder die einst aus Wuth der Bauern und Irrgläubigen entheiligt und zerstreut wurden, ist dieser heilige und ehrwürdige Ort besonders geweiht worden im Jahre des Heils 1772, im 247sten nach dem Aufstande und kurzen Abfalle einiger unserer Unterthanen im Jahre 1525.)

Das große Oelgemälde über dem Eingang in die St. Antoniuskapelle, die Geburt Christi darstellend, wurde 1611 v. Christoph Storer aus Konstanz gemalt. Die Brustbilder der

Apostel Petrus und Andreas sind Gyps-Bas-reliefs v. Feucht=
mayr. Der Durchgang gegen Süden führt in die große
Elternkapelle.

Das sind nun die Schätze, die das majestätische Gottes=
haus in sich birgt. Möchte der barmherzige Gott, der in
Ewigkeit in seinen Tempeln wohnt, durch die Fürbitte der
großen Blutzeugen Alexander, Theodor und Sebastian, dieses
sein Haus vor allem Unglücke bewahren und das Gebet eines
Jeden, der hieher vertrauungsvoll pilgert, erhören!

Als Anhang zur Beschreibung der Kirche folgt nur noch
Einiges über die Sakristei mit ihren Kirchenschätzen, über das
Beichthaus und die Gruft.

Die Sakristei (Custerei) unter dem Orgelchore auf der
Evangelienseite, zerfällt in drei Abtheilungen. Die eigentliche
Sakristei hat nur zwei Kästen, die zunächst für die Aufbewah=
rung der Kelche und Wasch für den Altardienst bestimmt sind.
Die Kästen von Nußbaumholz sind theils eingelegt, theils ein=
geätzt. Unter den eingelegten und eingeätzten Gegenständen er=
blicken wir den salamonischen Tempel nach Godmann und
Sturmius, die römischen Kirchen der heil. Maria vom
Siege, der heil. Agnes, der heil. Maria do Scala, die
Peterskirche, die St. Markuskirche in Venedig ꝛc. Auf den
Kästen, die reich mit vergoldetem Laubwerk verziert sind, steht
ein Christus am Kreuze, zu beiden Seiten die Statuen Johannes
und Maria, Alexander, Theodor und die vier Evangelisten.
Diese, sowie die Kästen der mittlern Sakristei, sind eine Arbeit
des Ottobeurer Schreinermeisters Philipp Fröhlich, der sie im
Jahre 1769 im Auftrage des Abtes Honorat verfertigte. Der
Plafond: Jesus wascht seinen Jüngern die Füße, ist v. J. J.
Zeiler gemalt.

Die mittlere Sakristei enthält die Kästen für Aufbewahrung
der Meßkleider, Levitenröcke u. s. w. Unter den eingeätzten Bildern
erblicken wir Denkmale alt römischer Baukunst, wie das Am=
phitheater des Flavius, den Tempel der Konkordia; die Bäder
des Antoninus, Karakalla, Titus; die Triumphbogen des Titus,
Galienus, Drusus; das Grabmal des Kaisers Hadrian (Engels=
burg), das Grab des Cestius; die Wasserleitungen des Klau=
dius, Nero ꝛc.

Das Deckengemälde zeigt uns Jesus mit der Samariterin am Jakobsbrunnen. Ueber den Thüren in die eigentliche Sakristei, in das Presbyterium und in den Gang sind als Füllungen gute, alte Holz-Bas-reliefs angebracht, nämlich: Christus vor Pilatus, vor Annas und Herodes, Ecce homo, Kreuztragung Christi, die Abnahme vom Kreuze, besonders gut, und Christus ruht im Schooße seiner Mutter von Thomas Heidelberger. Sie stammen aus der kindelmannischen Kirche, und bildeten nach dem Registrum Abbatiale Theile der Chorstühle.

Ein gewölbter Gang mit drei kleinen in Fresco gemalten Feldern — Engel tragen die Leidenswerkzeuge des Herrn — führt in die gleichfalls gewölbte äußere Sakristei. Das Gewölbe wird von zwei gypsmarmornen Säulen getragen und ist geschmackvoll mit Laubwerk vom Stukator Zimmermann verziert.*

In dieser Sakristei befinden sich ausgezeichnete, vielleicht in ihrer Art einzige Ornatkästen, von Thomas Heidelberger für die alte, kindelmannische Custerei gemacht. Besonders reich mit Schnitzwerken und eingelegten Figuren ist der Kasten an der östlichen Wand. Dieser Kasten ist 22 Fuß lang, 11 Fuß hoch und 2 Fuß 6 Zoll tief. Heidelberger war evangelischer Confession und hat deßhalb, wie ein Chronist (P. Albert Krez) meint, an diesem Kasten „zur gedächtnuß an zwei Orthen des Luthers und seines Kätherlins Bildnuß hinterlassen." Der Kasten gegen Süden, nicht minder schön und reich, ist 11 Fuß hoch, 7 Fuß breit und 1 Fuß 5 Zoll tief. Von den drei andern, die minder reich, aber gleichfalls von Heidelberger gearbeitet wurden, sind zwei gegen Norden stehende 9 Fuß hoch, 5 Fuß breit und 2 Fuß tief; der eine gegen Süden ist 9 Fuß hoch, 5 Fuß breit und 1 Fuß und 8 Zoll tief. Es dürften aus dieser Zeit wohl wenige, so gut erhaltene, und mit so reichem Schnitzwerk gezierte Kästen in Schwaben vorhanden sein.**

---
* Er erhielt hiefür 100 fl.
** Meister Thomas Heidelberger, Kunstschreiner und Bildhauer aus Memmingen arbeitete mit seinen Gesellen v. Jahre 1547—1558

Der Kasten an der Wand gegen Westen, nicht so reich und 19 Fuß 6 Zoll lang, 12 Fuß hoch und 3 Fuß tief, wurde unter dem Abte Benedikt Hornstein 1676 verfertigt. An ihm sind die Wappen des Stifters Sylach, Karl des Großen, der hiesigen Abtei und des Convents, so wie das hornsteinische angebracht. Auf dem Kasten steht ein schönes Bas-relief von Heidelberger: Die Erschaffung der Eva.

Unter den Kirchenschätzen verdienen, theils wegen ihres Alterthums, theils wegen künstlicher Arbeit Nachstehende unsere besondere Aufmerksamkeit: 1) Der Alexandersmantel, bei den alten Chronisten palla, oder Pallium S. Alexandri genannt, ist ein merkwürdiges, altes Gewebe von Seide, in welchem sich zwischen ganz einfachen Blumen immer die nämliche, mit einem Löwen kämpfende Person, vielleicht David oder Samson, wiederholt. Die Länge dieses Mantels beträgt 2¾ bayer. Ellen, die Breite 1 Elle; das Ganze hat durch die Länge der Zeit schon sehr gelitten. Zur fernern Schonung wurde dieses Gewebe im vorigen Jahrhundert mit einem schönen karmosin rothen Ueberzuge von Damast gegen alle Verletzung gesichert. An dieses ehrwürdige Denkmal des Alterthums knüpft sich folgende Legende: Als der Leib des hl. Alexander unter Karl, dem Großen, von Rom nach Vienne in Frankreich, und von da nach Ottobeuren gebracht wurde, ist zu Lucca eine fromme Matrone durch Berührung des Sarges von ihrer Krankheit geheilt worden, und aus Dankbarkeit bedeckte sie den Sarg mit ihrem Mantel oder Schleier. Noch gegenwärtig wird dieser Mantel den Gläubigen am Feste des hl. Alexander unter Gebet aufgelegt.*

---

unter Abt Kaspar im hiesigen Kloster. Er verfertigte für die damals erbaute Kirche den Orgelkasten, die Chorstühle mit den Bas-reliefs und für die Custerei die genannten Kästen. Er erhielt nebst Kost wöchentlich 4 fl., im Ganzen 2200 fl.

* Unser gelehrter P. Nikolaus Ellenbogen schrieb einen eigenen Traktat de palla, sive de Pallio S. Alexandri, welcher 1509 aus der hiesigen Presse hervorging.

2) **Der Ulrichskelch.** Ulrichskelche werden jene alten Kelche genannt, welche nach der Tradition von dem großen Bischof Ulrich († 971) bei der Feier der hl. Messe gebraucht wurden. In der hiesigen Klosterkirche waren früher nach einem Inventare v. Jahre 1786 drei solcher Kelche vorhanden.*

Gegenwärtig ist nur noch Einer da, den wir jetzt etwas näher beschreiben wollen. Dieser Kelch ist ganz von Silber und allenthalben stark vergoldet; seine Höhe beträgt 5 Zoll 9 Linien bayer. Die Kuppe, die nur 2 Zoll tief ist, hat gleich dem Fuße 5 Zoll im Durchmesser. Außen, um die Kuppe herum, nur 4''' vom obern Rande entfernt, sind die 12 Apostel, in halben Figuren, zwischen Bogen und Säulen eingravirt und mit schwarzem Firniß eingelassen. Jeder dieser Apostel hat bloß ein Buch, ohne eine andere Beigabe; nur Petrus ist an dem Schlüssel erkennbar. Um den Knopf herum befinden sich in getriebener Arbeit, stark erhaben, die vier apokalyptischen Zeichen der vier Evangelisten. Der Fuß ist unter dem Knopfe noch mit einigen Zierreifen versehen, und läuft dann in 7 Flächen auseinander, die um den Rand herum mit den Brustbildern der 7 Söhne der hl. Felizitas in gleichfalls getriebener, stark erhabener Arbeit verziert sind. Jedes dieser Bilder befindet sich in einer aus Rundbogen und Säulen gebildeten Vertiefung; auf den Bögen sind die Namen eines jeden eingravirt, welche, sowie auch die übrigen gravirten Verzierungen es waren, mit schwarzem Firniß eingelassen sind. Uebrigens ist dieser Fuß an mehreren Stellen schadhaft, so daß mehrere Namensinschriften nicht mehr ganz zu lesen sind.

Ueber den Brustbildern der hl. Brüder befindet sich zwischen zwei der erwähnten ebenen Flächen ein Kreuz eingravirt, so wie neben demselben auf zwei andern sich gegenüberstehenden Flächen zwei Figuren, eine männliche, ohne Kopfbedeckung mit einem Schwerte, und eine weibliche mit einer Krone in geflochtenen und auf die Schultern herabwallenden Haare und

---

* Einer davon soll sich in Wörishofen befinden.

mit zum Gebet ausgebreiteten Händen. Dem Kreuze gegenüber ist ein in vergoldetem Silber gefaßter, in dunkelgrünem Steine eingeschnittener Siegelring befestigt, der einen Krieger mit Schild, Schwert und Lanze darstellt, sehr wahrscheinlich antik, und diesem Kelche wohl nur zur Zierde beigefügt wurde.

Daß die beiden obenerwähnten Figuren die Stifter dieses Kelches darstellen, scheint aus der um den Rand des Fußes eingegrabenen Umschrift hervorzugehen, die so lautet:

Lumina* septena* de* vero. sole. serena.*.
Vas* operis* clari* dantes* orate. beari †

(Herrlich leuchtendes Siebengestirn, der wahren Sonne entflossen! Fleht, daß wir, die Geber, werden des Himmels Genossen.)

Die einzelnen Buchstaben sind mit Pünktchen umgeben, und die Worte theils durch Sternchen, theils durch Punkte getrennt.

Wer die Stifter dieses Kelches gewesen seien, ist aus dieser Umschrift nicht abzunehmen. Der sel. Prior Postelmayr hält dafür die Stifter des Gotteshauses, den Sylach und seine Gemahlin Ermiswind, und setzt somit das Alter dieses Kelches über den hl. Ulrich hinaus.*

3) Der Ursula- jetzt Alexanders-Sarg genannt, weil auch die Ueberreste des hl. Alexander und Theodor darin aufbewahrt werden.**

Dieser schöne Reliquienschrein ist ganz von Silber und die Gewandung der Figuren zum Theil stark vergoldet. Er bildet ein länglichtes Viereck, dessen Höhe 1 Fuß und 7 Zoll,

---

* Jahresbericht des historischen Vereins für Schwaben und Neuburg 1853.

** Die Reliquien des hl. Alexander und Theodor befanden sich bis zur Säkularisation in einem eigenen kostbaren Sarkophag, der unter dem Abte Rupert I. im Jahre 1134 verfertigt wurde. Dieses herrliche Denkmal der mittelalterlichen Goldschmidekunst ist seit der Säkularisation verschwunden. Die nähere Beschreibung desselben kann nachgelesen werden bei Feyerabend Bd. II. pag. 44 u. d. f.

die Länge 2 Fuß und 1 Zoll und die Breite 1 Fuß und 6 Linien beträgt. An den Ecken befinden sich Säulen, die das um den ganzen obern Theil des Sarges herumlaufende Gebälk tragen. Auf dem Gebälk liegt der schneidig zu laufende Schreindeckel (Dach) auf.

Die vordere Seite des Schreines stellt die Ankunft der hl. Ursula mit ihren Genossinnen zu Köln am Rhein in getriebener, stark erhabener Arbeit dar. Rechts und links, nur durch Zierstäbe getrennt, sind die Evangelisten Matthäus und Johannes mit den apokalyptischen Zeichen. Die beiden Schmalseiten, gleichfalls getrieben und stark erhaben, zeigen uns das Martyrium der heil. Ursula mit ihren Genossinnen. Diese drei Theile des Sarges, welche früher eine andere Bestimmung gehabt zu haben scheinen, wurden unter dem Abte Leonhard 1525 gemacht. Die Rückseite des Sarges stellt das Martyrium der 7 Söhne der heil. Felizitas und das des hl. Theodor vor, getrieben, stark erhaben und äußerst fleißig zifelirt. Zu beiden Seiten sind in getriebener Arbeit die Evangelisten Markus und Lukas. In die Zierstäbe und kleinern Flächen sind leichte Arabesken in Laub, Engeln und Vögeln bestehend, ungemein zart eingravirt.

Auf der Vorderseite des Daches befindet sich in halben Figuren Maria mit dem Jesuskinde, dem die drei Könige ihre Opfergaben darreichen. Der Kopf des Melchior ist besonders ausdrucksvoll und auf das Kästchen, welches er dem Kinde darreicht, ist das Wappen des Abtes Caspar Kindelmann und die Jahrzahl 1578 eingravirt. Links von Maria erblickt man, gleichfalls in halben Figuren, den hl. Petrus mit dem Schlüßel, auf welchem die Buchstaben I. W. eingravirt sind, den hl. Benedikt und den hl. Paulus. Das Ganze ist getrieben, stark erhaben und wie die gegenüberstehende Seite rein gearbeitet. Auf dieser Seite des Daches sieht man die allerheiligste Dreifaltigkeit dargestellt. Etwas sonderbar ist die Darstellung des hl. Geistes mit einem menschlichen Leibe, und statt des Hauptes die strahlende Sonne. In den Nebenseiten des Deckels befindet sich je ein stark erhabener Engelskopf.

Auf der innern, hölzernen Fütterung des Daches liest man folgende Inschrift:

Sarcophagu psente fabricare fecit Venerabilis Fr. Casparus Abbas. Jn laudem et honorem omnipotentis Dei, S. Ursulæ Sociarumque ejus Anno 1579. Que postea Rediss. Princeps ac Dnus. D. Marquardus Epus August. atque ppositus Bamberg. propria psona consecravit et traditis et inclusis reliquiis de societate Sanctæ Ursulæ, Decoravit. Act. 1579. 8 Die April.

(Diesen gegenwärtigen Sarg ließ der ehrwürdige Fr. Caspar, Abt, zu Lob und Ehren des allmächtigen Gottes, der hl. Ursula und ihrer Genossinnen machen im Jahre 1579, welchen nachher der hochwürdigste Fürst und Herr, Herr Marquard, Bischof von Augsburg und Propst zu Bamberg in eigener Person konsekrirte und mit hergeschenkten und dem Sarge eingeschlossenen Reliquien der Genossinnen der hl. Ursula schmückte. Geschehen am 8. April 1579.)

Dieser kunstreiche und noch gut erhaltene Sarg wurde, mit Ausnahme der im Jahre 1525 gemachten Theile, von J. Georg Werner, Goldschmid in Memmingen v. 1578—1579 verfertigt. Er mußte dazu jenes Silber benützen, welches beim Brande des Abteistockes im Jahre 1565 in einen Klumpen zusammenschmolz, und erst im Jahre 1578 unter dem schon längst entfernten Urban zufälliger Weise durch einige Diener des Bischofs, der in diesem Jahre im Kloster war, in der Nähe der Ziegelhütte gefunden wurde.

4) Die kleine gothische Monstranz, jetzt als Kreuzpartikel verwendet. Diese Monstranz von 2 Fuß und 1 Zoll Höhe ist ganz von Silber und zum Theil vergoldet, sehr schön gearbeitet und gehört dem Ende des 15. Jahrhunderts an. Ober dem Ostensorium, unter einem Baldachin, der von drei runden Säulen getragen wird, steht ein massiv silberner 3" 3‴ großer Christus, nur mit dem Schamtuche bekleidet und die Krone auf dem Haupte. Die rechte Hand hebt er, wie zum Segnen auf, in der Linken trägt er einen Kelch. Das Ostensorium wird von zwei knieenden Engelsfiguren getragen. Auf die Flächen der beiden Strebepfeiler sind die Apostel Andreas

und Bartholomäus und auf der Rückseite eine männliche Figur, mit einer Krone auf dem Haupte und weitem, herabfallenden Kleide, ohne Heiligenschein, in der Rechten einen Scepter, in der Linken eine Taube haltend, und eine weibliche Figur mit Heiligenschein und einen Scepter in der Hand, sehr zart eingravirt. An den Strebepfeilern, auf Sockeln, stehen 2 Engel mit Leidensinsignien des Herrn. In den Zierreif des Fußes, zwischen dem ersten und zweiten Knopfe, ist Folgendes eingravirt: hoctia (hostia) s. n.; und in den Zierreif zwischen den 2. und 3. Knopfe: ave, vive* (hl. Hostie, unser Trost! sei gegrüßt, gepriesen!) Der Fuß läuft in acht, theils spitzige, theils runde Flächen aus, die leider, wie die ganze Monstranz, im vorigen Jahrhundert mit geschmacklosen Ornamenten und falschen Steinen verunstaltet wurden.

5) **Die Monstranz.** Diese schöne Monstranz, 3 Fuß, 4 Zoll und 6 Linien hoch, ist ganz von Silber und wurde im Jahre 1712 unter dem Abte Rupert II. von dem Goldarbeiter Christabler in Wangen verfertigt. Stark in Silber getriebene, ganze Figuren zieren die Vorderseite. Zu Oberst ist Gott Vater und der heil. Geist in Gestalt einer Taube; etwas tiefer der hl. Joseph und die seligste Jungfrau Maria. Unter diesen befindet sich der hl. Alexander mit einem Schild, in welchen das heutige Gotteshaus, und der hl. Theodor, gleichfalls mit einem Schild, in welchen die ehemalige Gebietskarte eingravirt ist. Zu beiden Seiten des Ostensoriums sind der hl. Benedikt, seine Schwester Scholastika und die heil. drei Könige angebracht. Um das Ostensorium herum schweben die 9 Chöre der Engel. Im Fuße ist eine Platte von Silber eingelassen, die folgende Inschrift trägt:

Deo ter-Vnl
Me
ConseCraVIt
Reverendissimus et Amplissimus D. D. Rupertus Liberi-Exempti

---

* Durch Ungeschicklichkeit bei einer Ausbesserung kam dieser Zierreif verkehrt zu stehen.

Jmperialis Monasterii Ottoburani Abbas. Sac. Caes. Maj. actualis Consiliarius et Sacellanus perpetuus.

(Dem dreieinigen Gott hat mich geweiht der Hochwürdigste und Hochwohlgeborne H. H. Rupert, Abt des gefreiten Reichs-Gotteshauses Ottobeuren, Sr. kaif. Majestät wirklicher Rath und Erbkaplan.) Das Chronologikon gibt das Jahr der Verfertigung der Monstranz 1712.

6) Das sogenannte **spanische Kreuz** mit 2 ansehnlichen Partikeln vom hl. Kreuze. Dieses Kreuz ist ganz von Silber und ruht auf einem schwarz polirten Kästchen und hat ohne das Kästchen 3 Fuß und zwei Zoll Höhe. Der mittlere Kreuzbalken ist 1 Fuß und 7 Zoll lang; der untere und obere sind je 16 Zoll lang. Die Stärke des Kreuzes beträgt 1 Zoll. Die vordere Seite ist mit Engelsköpfchen und hübschem Laubwerk, in Silber getrieben, verziert. Die Einfassung der Steine ist Filigranarbeit. Auf der Rückseite des Kreuzes befinden sich fünf kleine, sehr gut gemalte, ovale Porzellanplättchen mit Darstellungen aus dem Leben Jesu, wie der Geburt Christi, dann Christus am Oelberg, die Kreuztragung, Jesus wird an das Kreuz genagelt und Jesus stirbt am Kreuze.

Im Kästchen, auf dem das Kreuz ruht, befindet sich ein in Silber gefaßter und noch unversehrter Finger der hl. Katharina von Siena. Wann und von wem dieses schöne Kreuz verfertigt wurde, ist nicht bekannt; es gehört aber dem Anfange des vorigen Jahrhunderts an.

7) Das **Kapitelkreuz**. Dieses Kreuz ist gleichfalls von Silber und stark vergoldet, und hat mit dem Zierknopfe 2 Fuß u. 6 Zoll in der Höhe. Die Länge des Querbalkens beträgt 1 Fuß und 3 Zoll. Auf der Rückseite sind in Silber getrieben die Kirchenpatronen Alexander und Theodor, die schmerzhafte Mutter und der hl. Benedikt, sämmtlich mit zierlicher Filigran-Arbeit eingefaßt. Der Schaft des Kreuzes ist von Kupfer und vergoldet. In denselben ist das Wappen des Abtes Anselm und das Jahr der Verfertigung des Kreuzes 1741 eingravirt.

8) Der **Pastoralstab**, gleichfalls von Silber und eine Arbeit des Goldarbeiters Kistler in Augsburg, der ihn im

Jahre 1734 im Auftrage des Abtes Rupert II. verfertigte. Er kostete 120 fl. In der Schnecke befinden sich zwei feine Porzellangemälde: Maria von Altötting und der hl. Othmar.

Außer diesen genannten Silbergegenständen sind noch 13 Kelche aus Silber vorhanden, darunter 3 sehr schöne mit kleinen Emailen, 2 Ciborien und ein Rauchfaß, gleichfalls von Silber.*

Unter den Paramenten verdienen eine besondere Aufmerksamkeit 1) der schöne und reich auf Sammt gestickte rothe, und der ebenso reich und schön auf Atlas gestickte, vollständige weiße Ornat mit je 2 Pluvialen. Sie kosteten mehrere tausend Gulden und wurden unter Abt Rupert II. angeschafft.**

2) Der vollständige, rothe Ornat mit großen, eingewirkten Goldblumen, mit 5 Casulen aus demselben Stoffe, gefertigt im Jahre 1737 von dem Ottobeurer Bürger Johann Strohmayr für 1340 fl.

3) Die 6 goldstoffenen Casulen, die im Jahre 1758 angeschafft wurden und 1221 fl. 22 kr. kosteten.

4) Die 5 silberstoffenen, aschgrauen Meßkleider. Der Zeug war vorher ein Frauenzimmerkleid von 20 Ellen mit silbernen Treßspitzen und wurde im Jahre 1767 für 250 fl. angekauft; die Zugehör belief sich auf 159 fl. 26 kr.; somit kamen die 5 Meßkleider, die heute noch ganz schön sind, auf 409 fl. 26 kr.

---

* Vor der Säkularisation des Stiftes befanden sich hier 2 Monstranzen, wovon die ältere in der Abtei aufbewahrt war, 29 silberne Kelche zum täglichen Gebrauche und 9 schönere für die Gäste, 20 silberne Leuchter und drei Rauchfässer.

** Abt Rupert berief einen gewissen Venetianer Constantino Balesi und schloß mit ihm wegen Fertigung dieser Paramente im Jahre 1718 einen Vertrag ab. Seide, Silber und Goldfaden lieferte das Gotteshaus, dagegen bezahlte man ihm, nebst freier Kost für ihn, seine Frau und drei Gesellen, für eine Elle 14 kr. Arbeitslohn. Er hatte auch die Pflicht, ein Unterthanskind in seiner Kunst zu unterrichten.

Unter den vielen einzelnen Casulen, worunter einige sehr schön und reich gestickt sind, verdient noch Eine besondere Beachtung. Diese Casula ist nach römischem Schnitt, mit großen grünen, in Goldstoff gewirkten Blumen, und befand sich früher bei den Augustinern in Memmingen. In dieser Casula soll Dr. Martin Luther auf seiner ersten Reise nach Rom, wo er bei den Augustinern in Memmingen übernachtete, die hl. Messe gelesen haben.

Das Beichthaus (in der Anlage eine zweite Sakristei) befindet sich unter dem Chore der großen Orgel auf der Epistelseite des Hochaltars und hat seinen Zugang aus der schmerzhaften Kapelle. Die beiden Deckengemälde sind von J. Zeiler, und stellen vor: Gott erscheint dem Moses in einem brennenden Dornbusche, und Moses salbt seinen Bruder Aaron zum Hohenpriester. Von den fünf Beichtstühlen, die sich früher hier befanden, wurden 2 in die Kirche und 2 in die Benediktuskapelle versetzt. Ober den Thüren in das Presbyterium, in den Gang ꝛc. befinden sich die schönen Holz-Bas-reliefs: Christus im Grabe, die Frauen besuchen das Grab und die Anbetung des Kreuzes, von Th. Heidelberger. Im Gange, der in den Kreuzgang des Gastgebäudes führt, sind 2 kleine Deckengemälde — Engel tragen den siebenarmigen Leuchter und der Schaubrodtisch — von J. Zeiler.*

Die Gruft, die man eine ungemein solide, unterirdische Kirche nennen darf, erstreckt sich von dem südlichen Anfange der St. Benediktuskapelle bis in die Mitte der großen Kirche; sie hat beiläufig 320 Fuß in der Länge; in der Weite die Breite des Langhauses, hält 224 Ruheplätze für die Mönche und 34 weitere und höhere für die Aebte in sich. Ueber dieser ungeheuren Steinmasse ruht die fünfmal schwerere Steinmasse der Kirche.**

---

* Zeiler erhielt für die Ausmalung der Sakristei und des Beichthauses, sowie für die zwei kleinen Stücke in der Kirche, St. Peter und Magdalena, laut Rechnung vom Jahre 1764, 800 fl.

** Feyerabend Band 4, 26.

Geschlossene Ruheplätze zählt man 69, darunter 2 für Aebte. Abt Anselm, der Erbauer der Kirche, ruht hier. Sein Grabstein ist zerbrochen und zeigt nur noch einzelne Worte. Wir gehen nun über zur Beschreibung des **Kloster-Gebäudes.**

III.
Das Kloster-Gebäude.

Das Klostergebäude, von wahrhaft fürstlicher Pracht, auf einer niedern Anhöhe und ganz freistehend, wird im Westen von einem am Berge ansteigenden Tannenwalde, dem sogenannten Bannholze, umkränzt. Das Kloster bildet ein Viereck von 466 Fuß Länge und 420 Fuß Breite. Das Gebäude hat drei Stockwerke, deren ersteres oder Erdgeschoß 17, die beiden andern jedes 15 Fuß hoch ist, so daß nebst Gebälk die Höhe bis zum Dache 50 Fuß beträgt; das Dach selbst ist 24 Fuß hoch.

Das Mauerwerk ist im Grunde 6 Fuß dick. Jeder Trakt ist 46 Fuß breit, so daß zu ebener Erde auf den Gang 12, auf die Zimmer 21 (im obersten Stock 25) und auf das Mauerwerk 13 Fuß kommen. Jedes der vier Eckgebäude ist ein Quadrat von 50 Fuß mit 4 Fenstern auf jeder Seite, diese eingerechnet befinden sich auf der längern Seite 33, auf der kürzern 29 Fenster in jeder der drei Etagen des Gebäudes; sammt den Fenstern in den Höfen (ohne Dach- und Kellerfenster) zählt man im Ganzen 837 Fenster von 8 Fuß Höhe, Zimmer und Säle 130.

In der Mitte dieses Viereckes zieht sich von der Kirche an durch die ganze Länge ein Mittelbau, der zu ebener Erde die Küche, die Hauptstiege, zwei Nebenstiegen u. andere Räume, im ersten Stock die ehem. Küchenmeisterei und das Kastenamt, im zweiten die sogenannte Winterabtei und die Räume der ehemaligen Bildergallerie enthält.

Der eine der durch diesen Mittelbau gebildeten innern

Räume ist durch einen weitern Zwischenbau, in welchem sich zu ebener Erde das Refektorium, im ersten Stock das ehem. Museum der Patres und im zweiten der Bibliothek-Saal befindet, in zwei kleinere sogenannte Kreuzgärten getheilt, jeder von 153 Fuß Länge, 125 Fuß Breite und 19,225 ☐ Fuß Flächeninhalt mit Springbrunnen.

Auf der Seite des Eingangs gegen Westen ist ein Hof von 392 Fuß Länge und 125 Fuß Breite mit 2 Spring-Brunnen.*

Auf dieser Westseite, im sogenannten Hofgebäude, ist der Haupteingang, über welchem sich der Kaisersaal befindet. Die Nordseite enthält einen bedeutenden Raum, der einst zu einem Theater eingerichtet war.

Die Kellergewölbe, die sich fast unter dem ganzen Gebäude hinziehen, sind 10 Fuß hoch; an der östlichen Seite des Gebäudes, wo der Hügel abfällt, bilden diese Gewölbe einen offenen Bogengang, so daß hiedurch die Höhe dieser Seite noch um 12 Fuß vermehrt wird. In diesem östlichen Theile des Gebäudes sind die Wohnungen der Patres, der Kapitelsaal, das Archiv ꝛc.; im zweiten Stock gegen Süden befindet sich eine zweite Wohnung für den Abt, die sogenannte Sommerabtei.

An der Ostseite liegt auch der große Conventgarten, durch welchen, 140 Fuß vom Gebäude entfernt, der Mühlbach fließt, in welchen die beiden durch das ganze Gebäude sich ziehenden und durch das Abwasser eines Weihers und zweier großen Bassins gespeisten Kanäle sich ergießen. Jenseits des Baches dehnt sich noch auf ungefähr 400 Fuß Breite und 1000 Fuß Länge der Garten aus, dessen mittlerer Theil, mit einem Bassin von 54 Fuß Durchmesser, zum Gemüsebau, die übrigen beiden Theile aber als Gras- und Obstgarten benützt werden.

An die südliche Seite des Gebäudes schließt sich abermal

---

* Die Muscheln von röthlichem Marmor wurden von dem Steinhauermeister Ignaz Heneckhe aus Wertach verfertigt. Er lieferte sie für 74 fl. 50 kr.

ein Gras= und Obstgarten an von 350 Fuß Länge und 420 Fuß Breite, an welchen die Oekonomie=Gebäude stoßen, die gleichfalls Vierecke bilden und von derselben Breite sind wie das Kloster. (420 Fuß.) Die Länge des einen gegen den Garten offenen Vierecks beträgt 310, die des andern, an ersteres sich anschließenden 210. Fuß. Diese Oekonomiegebäude enthalten unter einem Dache die Räume für Bräuhaus, Mühle, Schlachthaus (seit der Säkularisation in Privatbesitz); dann für Stallungen, Dienstbotenwohnungen und andere ökonomische Bedürfnisse.

Die Westseite des Klostergebäudes wird von einer mit Arkaden versehenen Umfangsmauer eingeschlossen, deren Länge jene des Gebäudes, nämlich 466 Fuß beträgt und von der Mitte 200 Fuß absteht. Neben und über dem in der Mitte dieser Mauer befindlichen Thore ist eine kleine Wohnung für den Portier.

In der Mitte der nördlichen Seite des Kloster=Gebäudes ist zu ebener Erde die St. Benediktuskapelle, über welcher im zweiten Stock die hl. Kreuz= oder Prälatenkapelle angebracht ist, von welcher man durch eine Thüre hinter dem Altare in die Kirche, die an diese Seite angebaut ist, gelangen kann.

Da nun das Gebäude im Allgemeinen besehen ist, schreiten wir zur nähern Betrachtung des Innern.

Von der Sakristei aus, oder auch durch die gewöhnliche Klosterpforte betreten wir den untern oder sogenannten **Kreuz-Gang**. Hier verdienen besondere Beachtung jene Gemälde, welche Abt Rupert II. zur Verzierung des Kreuzganges verfertigen ließ. Sie bestehen aus 112 Stücken, deren jedes 6 Fuß 1 Zoll (bayer.) hoch und 4 Fuß 11 Zoll breit ist, und eine Darstellung aus der hl. Geschichte enthält, auf der einen Seite des Ganges aus der Geschichte des neuen, auf der andern eine entsprechende Vorbedeutung aus dem alten Bunde. Zwischen je zweien befindet sich an der Decke des Ganges ein ovales Gemälde von 2 Fuß 8 Zoll Länge u. 2 Fuß in der Breite, das irgend eine symbolische Darstellung mit einer passenden Umschrift enthält, welche sich auf beide Gemälde zugleich beziehen und gleichsam die Vereinigung bilden.

Diese symbolischen Darstellungen und die Umschriften dazu sind aus Auftrag des Abtes Rupert von P. Konrad Renz 1735 verfaßt, und von dem Ottobeurer Maler Erler in Oel auf die Decke ausgeführt. Er beendigte diese Arbeit im Jahre 1739 und erhielt vertragsmäßig für das Stück 4 fl., im Ganzen 304 fl. Die andern Gemälde auf Leinwand sind von verschiedenen Meistern und kostete jedes 25 fl.; nur Bergmüller ließ sich eines mit 75 fl., und das andere mit 100 fl. bezahlen.

Es folgt nun die Zusammenstellung dieser Gemälde.*

1.

Der neue Bund mit den Aposteln und Evangelisten.	Der alte Bund mit den Patriarchen und Propheten.
Text: I. Cor. 1, 23.	Text: I. Cor. 10, 11.

Ruffini.

Die aufgehende Sonne. Umbram fugat veritas. Wahrheit verscheucht den Schatten.

2.

Jesus wird zur Erlösung —	Isaias zum Predigtamt berufen.
Joh. 3, 16.	Jf. 6, 8.

Ruffini.

Der feuerspeiende Berg Aetna. Nemo altius arsit. Niemand brannte heftiger. Die beiden folgenden Symbola beziehen sich auf den Erlöser und seine gebenedeite Mutter.

a) Der die Nacht erhellende Mond. Reparat dispendia noctis. Er ersetzt, was der Nacht fehlt.

b) Ein Einhorn, im Schooße einer Jungfrau ruhend. Hæc temperat iras. Sie besänftigt den Zorn.

---

* Die mit einem Sternchen bezeichneten Bilder sind abhanden gekommen; wo beide Bilder von einem Meister sind, steht der Name in der Mitte. Die symbolischen Darstellungen und Umschriften, lateinisch und in das Deutsche übersetzt, finden sich unter dem Namen des Meisters.

3.

Maria u. die Tochter Jephtes werden Gott geopfert.
Hohes Lied 2, 10. B. d. Richter 11, 39.
Ruffini.

Ein auf dem Opferaltare liegendes Lamm. Sine labe placebit. Weil ohne Makel, wird es wohlgefallen.

4.

Maria mit Joseph, Sara mit Tobias vermählt.
Matth. 1, 18. Tob. 3, 18.
Ruffini.

Ein Paar Turteltauben. Consortia candida tantum. Nur unschuldigen Umgang lieben sie.

5.

Jesus wird der Jungfrau Maria — Samson der Gattin des Manue angekündigt.
Luc. 1, 28. Ruffini. B. d. Richter 13, 7.

a) Eine den Sonnenstrahlen ausgesetzte Perlmuschel. Cœlo fœcunda parente. Vom Himmel befruchtet.

b) Eine Taube mit dem Oelzweig im Schnabel. Pacem denunciat orbi. Frieden verkündet sie der Welt.

6.

Maria von Elisabeth — Judith vom Hohenpriester selig gepriesen.
Luc. 1. 42. Ruffini. B. d. Richter 15, 11.

Zwei sich gegenseitig neigende, fruchttragende Palmen. Blanda se Pace salutant. Süßer Gegengruß.

7.

Jesus wird aus der Jungfrau Isaias weissagt dieses geboren. Wunder.
Joh. 1, 14. Ruffini. Is. 7, 14.

Ein Sonnenstrahl durch Glas bringend. Pervadit, non lædit, iter. Er durchbringt, ohne zu verletzen.

8.

Jesus erfüllt das Gesetz der Beschneidung, — Luc. 2, 21.	welches Abraham erhielt und beobachtete. Genesis 17, 12.

Ruffini.

a) Eine Rose. Traho vix nata ruborem. Kaum geboren werd ich roth.
b) Die aufgehende Sonne. Rubicundus in ortu. Im Aufgang rothfärbig.

9.

Die drei Weisen beten Jesum an. Matth. 2, 11.	Die Königin von Saba verehrt den Salomon. Matth. 12, 24.

Ruffini.

Um ihre Königin schwärmende Bienen. Excipiunt natum regem. Sie empfangen den neugebornen König.

10.

Jesus wird Luc. 2, 22.	wie der Erstgeborne geopfert u. geheiligt. Exod. 13, 12.

Ruffini.

Die Milchstraße. Non sunt obnoxia labi. Keiner Makel ist sie unterworfen.

11.

Joseph und Matth. 2, 18.	Elias mahnt ein Engel zur Flucht. III. B. d. König. 19, 7.

Ruffini.

Eine vor dem Habicht fliehende Taube. Eludo latronem. Ich lache den Räuber aus.

12.

Der zwölfjährige Jesus Luc. 2, 46.	und der junge Daniel lehren u. sprechen öffentlich. Daniel 13, 45.

Hau.

Ein Leuchtthurm. Monstrat iter tutumque facit. Er weist den sichern Weg.

13.

Jesus seinen Eltern Luc. 2, 51,	Samuel dem Priester Heli unterthan. 1. B. d. Könige 3, 6.

Hau.

a) Aus Wolken brechen die Sonnenstrahlen. Jllustrior emicat umbris. Aus Schatten erglänzt sie heller.
b) Ein flötender Hirt mit folgender Heerde. Vox sola trahit. Meiner Stimme folgen sie nach.

14.

Johannes tauft Jesum — Naaman, der Syrer, wascht sich im Jordan.

Joh. 1, 3.   Hau.   4. B. d. Könige 5, 14.

Ein Eisvogel, der in seinem Neste auf dem Wasser daher schwimmt. A me sua gratia lymphis. Von mir hat das Wasser seine Heilkraft.

15.

Christus und —   Elias wirken Wunder.

Luc. 6, 19.   Hau.   Ecclef. 48, 15.

Eine Apotheke. Morbos et vulnera sanat. Sie heilt Krankheiten und Wunden.

16.

Christus auf Tabor — Moses auf Sinai verklärt.

Math. 17, 2.   Beuchs. II. B. Moses 34, 20.

Eine Nebensonne. Splendoris imago paterni. Abglanz des Vaters.

17.

Jesus und   David ziehen unter Jubel in Jerusalem ein.

Matth. 21, 10.   Bergmüller. II. B. d. Könige 19, 40.

Ein zum Opfer bekränztes Lamm. Ornat ad funera. Fürs Grab geschmückt.

Die folgenden sechs Symbola vor dem Refektorium enthalten Anspielungen auf den gekreuzigten Heiland:

1) Ein in der Luft strahlendes Kreuz. Hæc semita cœli. Dieß der Weg zum Himmel.
2) Eine Insel mitten im Meere. Jn medio spes sola mari. Die einzige Hoffnung mitten im Meere.
3) Ein Anker. Spem facit et firmat. Dieser stärkt meine Hoffnung.

— 55 —

4) Eine Henne, ihre Jungen mit den Flügeln schützend. Protegunt expansae. Unter meinen Flügeln ruhen sie sicher.
5) Herkules die Welt unterstützend. Labentem sustinet orbem. Er wehrt dem Erdkreise das Fallen.
6) Ein Springbrunnen. Abundat in omnes. Ueberfluß für Alle.

18.

Jesus nimmt von Maria — Abraham von Loth Abschied.
Tob. 5, 22.   Ruffini.   Genes. 13, 11.

Eine platt gemachte Tafel mit Maler-Instrumenten. Par nulla figura dolori. Die Größe des Schmerzes kann kein Pinsel ausdrücken.

19.

Jesus seinen Jüngern,   Loth seinen Gästen die Füsse waschend.
Joh. 13, 5.   Genes. 19, 2.
Ruffini.

Ein unter Tauben sich badender Rabe. Vos mundi, sed non omnes. Ihr seid rein, aber nicht Alle.

20.

Jesus und   Melchisedech opfern.
Matth. 26, 26.   Ruffini.   Genes. 14, 18, 19.

Ein mit seinem Blute die Jungen nährender Pelikan. Ut vitam habeant. Damit sie das Leben haben.

21.

Jesus und   David leiden Angst.
Luc, 22, 24.   Ruffini.   II. B. d. Könige 24, 14.

Ein chemischer Ofen. Interno sudor ab igne. Das innere Feuer macht mich schwitzen.

22.

Wie Jesus seine Jünger,   Gedeon seine Krieger ermuthigt und aufmuntert.
Matth. 26, 40.   Ruffini.   B. d. Richter 7, 15.

a) Ein Schäferhund bei der Heerde wachend. Grex me vigilante quiescit. Wenn ich wache, kann die Heerde ruhen.

b) Ein Granich mit einem Steine in den Krallen. Protegit et vigilat. Er schützt und wacht.

23.

Jesus von Judas — Joseph von seinen Brüdern verkauft.
Mark. 14, 45, 46.   Genes. 37, 20.
     Ruffini.

Ein Panther. Allicit, ut perimat. Er lockt, um zu morden.

24.

Jesus und   Michäas erhalten Backenstreiche.
Joh. 18, 22.   Ruffini   III. B. b. Könige 22, 24.

Eine Pauke. Ferienti respondet amice. Freundlich antwortet sie dem Schlagenden.

25.

Jesus und   Elisäus werden verspottet.
Luc. 22, 63.   Ruffini   4. B. b. Könige 2, 23.

Ein Löwe, von Hunden angebellt, bleibt ruhig. Sustinet immotus. Er duldet unbeweglich.

26.

Jesus und   Job werden gegeißelt.
Joh. 19, 1.   Ruffini.   Job 2, 7.

Ein Amboß unter den Streichen der Hämmer. Labe carens aliena luit. Ohne eigene büßt er fremde Schuld.

27.

Jesus und   Adam werden zu Dornen verurtheilt.
Joh. 19, 2.   Genes. 3, 18.
Ruffini.   Hiemer.

a) Eine Lilie unter Dornen. Pulchrius ex spinis. Unter den Dornen noch schöner.
d) Ein Dornbusch mit Rosen. Dant bene culta rosas. Gehörig gepflegt bringt er Rosen.

28.

Jesus wird mit Dornen — ein König mit dem Diadem
                         gekrönt vorgestellt.
Joh. 19, 5.   Ruffini.   Hohes Lied 3, 18.

Ein zerschnittener Granatapfel. Vulnere pandit opes. Die Wunde eröffnet die Schätze.

29.

Pilatus wäscht die Hände — um unschuldig zu erscheinen.
Matth. 27, 24. Ruffini. 5. Mos. 21, 7.
Eine Spinne auf einer Blume. Virus non invenit. Vergebens sucht sie Gift darin.

30.

Wie Jesus sein Kreuz — Isaak das Holz trägt.
Joh. 19, 17. Ruffini. Genes. 22, 6.
a) Ein Magnet, der Eisen anzieht. Et pondere gaudet. Die Last erfreut ihn.
b) Eine Traube in der Kelter. Est mihi dulce premi. Gern laß ich mich drücken.

31.

Jesus wird gleich — der ehernen Schlange ans Kreuz geheftet.
Joh. 19, 18. Numeri 21, 18.
Ruffini. Zobel.
Ein Lamm unter dem Scheermesser. Patiturque, tacetque. Duldet und schweigt.

32.

Jesus wird gleich der — ehernen Schlange am Kreuze erhöht.
Joh. 3, 14. Joh. 3, 14.
Ruffini. Zobel.
a) Eine Palme, jemehr mit Früchten beladen, desto höher wächst sie. Incrementa dedit pondus. Das Gewicht gibt Wachsthum.
b) Eine in die Höhe steigende Flamme. Motu tendit proprio. Durch eigene Kraft steigt sie empor.

33.

Aus der Seite Jesu bringen die — Moses schlägt aus dem Felsen Soldaten Blut und Wasser hervor. Wasser.
Joh. 19, 34. Zobel. Numeri 20, 11.

a) Eine Taube in einem Felsenspalt. Hic tuta quiesco. Hier ruhe ich sicher.

b) Ein angeschnittener Balsamstrauch. Vulneror, ut sanem. Ich werde verwundet, um zu heilen.

34.

Maria unter dem Kreuze.   Die Israeliten bei der Schlange.
Joh. 19, 25.   4. Buch Mos. 21, 9.
Ruffini.   Hiemer.

Eine Magnetnadel nach dem Pol zeigend. Polum non deserit unquam. Nie weicht sie vom Pol ab.

35.

Jesus wird vom Kreuze — Josias von seinem Wagen abgenommen.
Mark. 15, 46.   Hau.   4. B. d. Könige 23, 30.

Ein Zedernbaum wird nach gebrochenem Stamme mit der Wurzel herausgerissen. Et nunc infracta quiescit. Jetzt ist meine Ruhe vollkommen.

36.

Maria und   Noemi trauern über ihren Verlust.
Zach. 12, 10.   Ruffini.   Ruth 1, 20.

a) Eine Hirschkuh leckt ihr todtes Junge. Amor est mensura doloris. Je heftiger die Liebe, desto größer der Schmerz.

b) Ein Hund beim Leichnam seines Herrn. Etiam post funera fidus. Auch am Grabe noch treu.

37.

Christus von den Seinigen — Jakob von seinem Sohne begraben.
Luc. 23, 53.   Genes. 50, 5.
Thalheimer.   Hau.

Saatkorn in die Erde fallend. Surget cum fœnore. Es wird mit vielfachem Gewinne wieder auferstehen.

38.

Wie Christus die Väter aus   Cyrus die Israeliten aus der
der Vorhölle,   Gefangenschaft befreit.
Is. 49, 25.   Hau.   1. B. Esdra 2, 1.

Ein losgelassener Falke auf die Beute stürzend. Post vincula prædam. Von Banden los, eilt er nach Beute.

39.

Jesus geht aus dem Grabe — Samson aus seiner Gefangenschaft hervor.
Luc. 24, 34.   Hau.   B. b. Richter 16, 3.

Ein aus seiner Asche lebendig aufsteigender Phönix. De funere pulchrior exit. Aus dem Grabe kommt er weit schöner hervor.

40.

Jesus erscheint nach seiner Auferstehung seiner Mutter.
Pf. 138, 18.   Hau.

Der ägyptische Joseph erfreut seinen alten Vater.
Genef. 45, 28.

a) Ein Regenbogen. Affert post nubila Phœbum. Nach Regen bringt er Sonnenschein.

b) Der in die Sonne schauende Adler. Pascor ab intuitu. Dieser Anblick ist meine Erquickung.

41.

Wie die Frauen Jesum — Ruben den Joseph suchen u. beklagen.
Marf. 16, 2.   Hau.   Genef. 37, 30.

a) Eine Gießkanne, das Erdreich bewässernd. Dant lachrymæ vitam. Diese Thränen bringen das Leben.

b) Der Weinstock, aus welchem nach abgeschnittenen Zweigen ein Saft hervorquillt. Ramos lachrymatur ademptos. Er weint über seinen Verlust.

42.

Wie Jesus die Magdalena — Booz die Ruth tröstet.
Joh. 20, 14.   Hermann.   Ruth 2, 13.

Junge Vögel im Neste nach der Mutter schreiend. Quod gemitus voluere dedit. Sie stillt das Wehklagen.

43.

Jesus gibt sich seinen Jüngern in Emaus,
Luc. 24. 31.   Hau.

Der Erzengel Raphael den beiden Tobias zu erkennen.
Tob. 12, 19.

Der Vollmond der Sonne gegenüber. Spectando expleta est. Durch Anschauen erhält er den vollen Glanz.

44.

Jesus gibt sich seinen Aposteln — Joseph seinen Brüdern zu erkennen.
Luc. 24, 36.   Hau.   Genef. 45, 44.

Ein Delphin nach dem Sturme auf dem Meere, von fröhlichen Fischen umgeben. Et pacem nuntiat undis. Er verkündet Frieden den Wellen.

45.

Thomas sieht Jesum —   Absalon den David wieder.
Joh. 20, 27.   Hau.   2. B. d. Könige 14, 33.

Schnee, an den Sonnenstrahlen schmelzend. Ad primos liquefacta calores. Er schmilzt bei der ersten Wärme.

45.

Petrus und —   Aaron werden als hohe Priester aufgestellt.
Joh. 21, 17.   Hau.   Ekkles. 45, 8.

Ein Thurm auf Felsen, unerschüttert in Sturm und Wogen. Vis nunquam prævalet ulla. Keine Gewalt ist ihm gewachsen.

47.

Die Jünger werden als Lehrer   Die 70 Aeltesten als Richter
der Völker,   der Israeliten aufgestellt.
Matth. 28, 19.   4. B. Moses 11, 16.

Die Sonne mit dem Thierkreise. Per duodena regit. Ihre Regierung besteht in Zwölfen.

48.

Christus und —   Elias fahren gegen den Himmel.
Mark. 16, 19   Hau.   4. B. d. Könige 2, 11.

Ein Füllhorn. Hominibus sua dona dedit. Den Menschen theilt es seine Gaben mit.

49.

Christus im Himmel   —   Joseph in Aegypten erhöht.
Mark. 16, 19.   Hau.   Genef. 41, 41.

Ein Triángel mit Sternen.   Tribus honor unus.   Allen Dreien gebührt gleiche Ehre.

50.

Matthias und —   David werden aus den Uebrigen auserwählt.
Apostelgesch. 1, 26.   Erler.   1. B. d. Könige 16, 12.

Ein Adler, seine Junge gegen die Sonne haltend.   Non quicunque capax.   Nicht Jeder kann solchen Glanz ertragen.

51.

Der hl. Geist und —   Gott der Herr steigt zu den Menschen herab.
Apostelgesch. 2, 4.   Hau.   2. B. Mos. 19, 20.

Eine Orgel.   Alios quoque spiritus implet.   Mein Hauch macht Alles lebendig.

52.

Petrus und —   Josias verkünden dem Volke das Gesetz.
Apostelgesch. 2, 14.   Hau.   2. B. d. Chronik 34, 30.

Eine Violine, die nach Noten gespielt wird.   Certa fidem scriptura regit.   Dieses Buch regelt meinen Glauben.

53.

Paulus und —   Balaam werden bekehrt.
Apostelgesch. 9, 15.   Hau.   4. B. Mos. 23, 8.

a) Ein durch Sturm erschütterter Oelbaum wurzelt fester.   Concussio firmat.   Erschütterung befestigt.

b) Eine Sonnenblume.   Cœlestes sequitur motus.   Sie richtet sich nach der Sonne.

54.

Maria und —   Sara sterben.
Hohes Lied 5, 8.   Genesis 23, 2.
Hiemer.   Erler.

Ein Rauchfaß.   Exspirat suaviter.   Es erlischt mit Wohlgeruch.

55.

Jesus und —   Salomon erweisen ihren Müttern Ehre.
Hohes Lied 8, 8.   Erler.   3. B. d. Könige 2, 19.

Die Lerche steigt singend empor. Ad æthera gaudens.
Freudig dem Himmel zu.

56.

Maria und — Esther werden gekrönt.
Hohes Lied 4, 8. Erler Esther 2, 17.
Der Mond von Sternen umgeben. Præstat tot millibus una. Er allein ist weit schöner, als so viele tausend Andere.

Die Stukadorarbeit des Kreuzganges, der sich durch das ganze Konventgebäude oder die Klausur erstreckt, ist von Joh. Zimmermann aus Wessobrunn und seinem Stiefvater Chr. Schäffler. Ueber jeder Thür im Konvent befindet sich ein ovales Gemälde, welches im Kreuzgang die Patriarchen, Propheten, Christus und die Apostel, die Kirchenväter und berühmtesten Ordensstifter darstellt*; in den beiden obern Gängen sind es meistens Ordensheilige. Sie sind größtentheils von denselben Meistern, wie die vorhergenannten großen Stücke und wurden fast durchgängig das Stück mit 10 fl. bezahlt. Es sind im Ganzen 173 Stücke, von welchen 79 auf den Kreuzgang, 48 auf den mittleren, und 46 Ovalstücke auf den obern Konventgang treffen.**

In jeder Zelle ist ober der Thür der heil. Ordensstifter Benedikt dargestellt, und ein weiteres religiöses Gemälde, von Stukverzierung umgeben, bildet einen kleinen Altar.

Im Eckgebäude gegen Nordost befindet sich der **Kapitel-Saal** mit einem Altare und sechs schönen Säulen von Gypsmarmor nach toskanischer Ordnung, welche das reich mit Stuko verzierte Gewölbe tragen. Die ganze Arbeit ist von Johann

---

* Die meisten dieser Stücke sind von Hau aus Kempten. Abt Rupert sagt von ihnen: „weil dise stuckh maistens recht Gutte Kunststuckh, vnd Allein gewunschen hätte, das der Adam, Joseph, David u. Daniel in etwas besser wären. Sie sind zwar auch nit ybel gemacht, doch nach meinem gusto hätten sie Spiritoser aussehen mögen."

** Mehrere von diesen Gemälden sind im Laufe der Zeit verloren gegangen.

Zimmermann im Jahre 1717 gefertigt, und wurden ihm dafür 210 fl. bezahlt.* An den Seitenwänden des Saales befinden sich zehn Gemälde von 7 Fuß 7 Zoll Höhe und 5 Fuß Breite. Sie stellen Geheimnisse des Leidens Christi dar nach Ochsenhausen'schen Originalen von Heiße, copirt 1723—1724 von Thalheimer, der auch das Altarblatt — Ecce homo — malte.** Im Plafond befinden sich Scenen aus dem Leben des heil. Benedikt, gemalt von Johann Paul aus Irrsee 1718. (Nach dem Registrum Abbatiale v. Jahre 1783 wären sie von A. Thalheimer.)

In diesem Saale wird z. 3. der Sarg des seligen Abtes Rupert I. von Ottobeuren aufbewahrt. Er ist aus dichtem Kalktuff, roh gearbeitet, sowie auch der Deckel desselben, der aber in zwei Theile zerbrochen ist. Die äußere Länge des Sarges, sowie die des Deckels beträgt 7 Fuß 8 Zoll; die äußere Breite beider 2 Fuß 10 Zoll; die äußere Höhe des Sarges 1 Fuß 6 Zoll. Der innere Raum wird gegen den Grund etwas enger und hat 6 Fuß 6 Zoll Länge und 1 Fuß 8 Zoll Breite. Die Tiefe ist 1 Fuß 2 Zoll. Im Innern des Sarges befindet sich für das Haupt des Leichnams eine bewegliche Unterlage mit einer Vertiefung, ebenfalls aus demselben. Steine. Auf dem obern Rande des Sarges ist in großen, aber sehr ungleichen Unzialbuchstaben folgende Umschrift eingegraben: XVIII CAL. SEPT. OBIIT. RVOPERTVS ABBAS, DOCTOR MAGNVS, MERITIS DIGNVS ETATE MATVRVS.

(Am 15. August starb Abt Rupert, ein großer Gottesgelehrter, reich an Verdiensten und voll der Jahre.)

Es ist dieses der Sarg, in welchem der sel. Abt Rupert I. begraben lag, der aus dem Kloster Villingen im Schwarz-

---

* Diarium Ruperti T. III. Oec. p. 30.

** Arbogast Thalheimer war ein Ottobeurer und starb den 18. September 1786.

walde nach Ottobeuren als Abt berufen wurde, 50 Jahre höchst ruhmvoll regirte, und am 15. August 1145 starb.

In der Mitte des Kreuzganges befindet sich rechts das **Refektorium** mit einem Vorplatz, wo wir drei große in Holz geschnitzte Bilder finden, nämlich Christus am Kreuze, Johannes und Maria. Sie wurden im Jahre 1722 von Anton Sturm aus Füssen für 100 fl. gefertigt. Ober der Einheiz des Refektoriums ist ein gutes, altes geschnitztes Brustbild der seligsten Jungfrau mit dem Jesuskinde. Das Refektorium ist 100 Fuß lang, 40 Fuß breit und 16 Fuß hoch. Am 2. Juni 1715 schloß Abt Rupert mit Elias Zobel aus Salzburg in Betreff der Ausmalung des Plafonds folgenden Kontrakt: In die zwei großen Felder sollen dargestellt werden die Stiftung des Klosters und die Bestättigung derselben durch Karl den Großen, und in den 8 Nebenfeldern Engel mit einigen Anzeigen, was die Religiosen für die Stifter für eine Verpflichtung haben. Für dieses Alles wurden ihm 200 fl., nebst freien Tisch für ihn und seine Gesellen auf ein Vierteljahr ausgesetzt.* An den Wänden der Ost- und Westseite befanden sich früher 2 Bilder, das Ostermahl der Christen und das der Juden darstellend, 20 Fuß und 2 Zoll breit und 9 Fuß hoch von Erler.**

An der Nord- und Südseite, zwischen den Fenstern, sind entsprechende Darstellungen aus dem alten und neuen Testamente, auf Leinwand gemalt, und 8 Fuß hoch und 3 Fuß 10 Zoll breit. Die Bilder enthalten:

---

* Diarium Ruperti T. II. Oec. p. 54. Zobel arbeitete an einem großen Felde 7 Wochen. Dem Abte wollten die 200 fl. zu viel scheinen, verstand sich jedoch zur Bezahlung mit der Bemerkung: „Solle herentgegen schöne Arbeit machen." Diese Plafondgemälde wurden nach der Säkularisation übertüncht, treten aber jetzt bei allmähliger Abschälung des Kalches wieder hervor.

** Erler war aus Ottobeuren und ein Schüler von Amiconi. Er malte im Stifte von 1720 — 1750.

1) Jesus, Maria und Joseph beim Gastmahle — Abraham und die von ihm bewirtheten Engel, v. Erler 1732.
2) Jesus am Brunnen zu Samaria — der Engel in der Wüste bei Agar. Erler.
3) Jesus beim letzten Abendmahle — König Balthasars letztes Gastmahl, von Thalheimer 1732.
4) Jesus bei Zachäus — Esther bei Assuerus. Thalheimer.
5) Jesus beim Pharisäer — Saul bei Samuel. Thalheimer.
6) Jesus von Maria und Martha — Isaak von Jakob bewirthet. Thalheimer.

Das Kruzifix nebst dem heil. Johannes und der heil. Maria in Lebensgröße sind von dem Bildhauer Anton Sturm 1733. Die Faßarbeit im Refektorium fertigte Sichelbein aus Wangen.*

Dem Refektorium gegenüber nach Osten befindet sich die **Hauptstiege** des Konventgebäudes. An Gemälden sind hier 1) die Martergeschichten der sieben Brüder, 2) die Bekehrung des hl. Paulus und 3) der Sturz des Zauberers Simon, sämmtlich von Erler.

Im Eckgebäude gegen Südosten befindet sich das **Archiv**. Das Gewölbe wird von sechs toskanischen Säulen aus Gypsmarmor getragen. In den 17 kleinern Feldern an der Decke sind die allerheiligste Dreifaltigkeit und Engel mit den Leidenswerkzeugen in Fresco gemalt von Joh. Paul aus Irrsee. Die Stukaborarbeit ist von Zimmermann. Die noch vorhandenen Akten ꝛc. gehören dem 16., 17. und 18. Jahrhundert an. An größeren Räumlichkeiten finden sich zu ebener Erde des Traktes gegen Osten noch das ehemalige Noviziat. Die 4 Felder an

---

* Für die vollständige Ausschmückung des Refektoriums wurden bezahlt: Dem Maler Zobel 200 fl.; den Schreinern 350 fl.; dem Faßmaler 800 fl.; für die zwei großen Gemälde 150 fl.; für acht kleinere à 12 fl., 96 fl.; für vier kleinere à 18 fl., 72 fl.; dem Bildhauer Sturm 130 fl., in Summa 1798 fl. (Diarium T. XII.)

der Decke präsentiren: 1) Die Religio (Religion); eine Frau hat ein Kreuz und ein Buch (Regel des hl. Benedikt), in der rechten Hand ein brennendes Herz, zu den Füßen die Weltkugel. In den Nebenfeldern sieht man die Flucht des heil. Benedikt aus Rom, und die Bekleidung des hl. Benedikt mit dem Ordensgewande. 2) Die Obedientia (d. Gehorsam), eine auf einem Joch ruhende Matrone, mit der Hand ein Schäflein streichelnd; unter ihr liegt der gebundene Satan. Oben Gott Vater mit dem Scepter, gleich einem Befehlenden, der Gehorsam sich neigend. Die Nebenfelder enthalten: St. Plazidus wird aus dem Wasser gezogen, und ein zu Tisch dienender Bruder wird vom hl. Vater seines Ungehorsams wegen bestraft. 3) Die Pauperlas (Armuth), eine ganz wenig gekleidete Matrone, mit der rechten Hand zeigend auf eine in der Luft schwebende goldene Krone, mit der andern verwerfend ein unter ihren Füßen liegendes Füllhorn. Oben der Sohn Gottes mit dem Kreuze und der goldenen Krone. Die Nebenfelder enthalten: Der hl. Benedikt wird vom hl. Romanus in der Wüste ernährt, und St. Benedikt erfleht vom Himmel die Vermehrung des Oeles. 4) Die Castitas (Keuschheit), eine weiß und roth gekleidete Jungfrau, mit Rosen und Lilien geziert, in der Linken eine Lilie, in der Rechten einen Ring haltend. Unter den Füßen liegt der Liebesgott (Cupido) mit gebrochenem Bogen u. Pfeil. In der Höhe der hl. Geist. Die Nebenfelder enthalten: Der hl. Benedikt vertreibt mit dem hl. Kreuze die um sein Haupt fliegende Amsel (Teufel), und St. Benedikt wälzt sich in Dornen. Das Concept zu diesen Gemälden ist von Abt Rupert,- Thalheimer führte sie aus 1722. (Diarium ad annum 1722 p. 107 etc.) Die Stukadorarbeit ist von Andreas Maini aus Luccana; er erhielt dafür 50 fl. im Jahre 1717.

Auf dieser Seite ist noch das ehemalige Krankenzimmer mit einer Kapelle. Der Plafond von Zimmermann, der auch die Stukadorarbeit machte, stellt Jesus, Maria u. Joseph vor. Er erhielt hiefür 20 fl. Früher befand sich hier ein kleiner Flügel-Altar aus der kindelmannischen Kirche, der noch vorhanden und sehr zierlich geschnitzt ist. Alle andern Zimmer waren für die ältern Patres bestimmt.

In der **ersten Etage** des Conventgebäudes befand sich das Priorat und das Museum der Kleriker, alle übrigen Zimmer sind für die Patres bestimmt. Der Hauptstiege gegenüber haben wir das ehemalige, jetzt freilich in einem sehr verlassenen Zustande befindliche Museum der Patres. Es ist von gleicher Größe wie das darunter befindliche Refektorium, nämlich 100 Fuß lang, 40 Fuß breit und 16 Fuß hoch. Vor dem Eingang in das Museum steht eine schöne Statue aus Holz: Christus an der Säule.

In der **zweiten Etage** des Konventgebäudes befanden sich außer den Zellen für die jüngern Patres, das Subpriorat und das sogenannte Visitationszimmer mit Stukadorarbeiten von Zimmermann.* Der Konventhauptstiege gegenüber befindet sich der Eingang zur **Bibliothek**. Im Vorplatz zeigt sich ein Plafond, die hl. Dreieinigkeit, gemalt v. Hermann.

Der Bibothekssaal selbst ist 100 Fuß lang, 40 Fuß breit und 26 Fuß hoch. Um den Saal herum läuft eine Gallerie, die von 44 gypsmarmornen, korinthischen Säulen mit vergoldeten Kapitälern getragen wird.**

Der Hauptplafond stellt die Ankunft des hl. Benedikt auf Monte Cassino, die Zerstörung der Statue des Apollo und die Erbauung der Kirche des hl. Johannes dar. In den beiden Nebenfeldern sind solche Ordensheilige, die sich durch Wissenschaft ausgezeichnet haben, wie der hl. Ildefons, der hl. Vernhard, der hl. Gregor, der hl. Anselm, der hl. Hermann, der Kontrakte ꝛc.; in den kleinern Feldern Engel, die sich mit Kunst, Musik und Wissenschaft beschäftigen, das Wappen des Abtes Rupert II., im blauen Felde ein weißer Querbalken mit drei Ringen, und das des Conventes gemalt. Das Ganze ist

---

* Am 15. Februar 1715 wurde mit Zimmermann ein Kontrakt abgeschlossen wegen Verzierung der zwei obern Etagen des Konventgebäudes. Er erhielt hiefür 2400 fl., hatte hingegen mit 20 guten Gesellen zu arbeiten und sollte in 36 Wochen fertig sein.

** Zimmermann erhielt für jede Säule 3 fl. 45 kr.

eine Arbeit des Elias Zobel aus Salzburg, der sich später in Memmingen aufhielt, und wurde mit 300 fl. bezahlt. Die Decke des Saales ist reich und geschmackvoll mit Stukador= arbeit von Zimmermann verziert. Gegen Westen halten 4 Engel eine Tafel, die folgende Inschrift trägt:

Ut
Scint et sit
Unde
Proferat
Nova et Vetera.
Regula St. Benedicti.

(Damit man wisse, was vorhanden sei, woher man Altes und Neues nehmen könne. Regel d. h. B.) Gegen Osten ist eine ähnliche Tafel, die diese Aufschrift trägt:

Hoc
Musis
Palatium
Religioni
Munimentum
Sui
Monnmentum
Posuit
R. A. M. O.
MDCCXVIII,

(Diesen Saal weihte den Musen zu einem Sitze, der Religion zu einem Bollwerke und sich zu einem Denkmale Rupert, Abt des Klosters Ottobeuren 1718.) Abt Rupert sagt in seinem Tagbuche (III. Band p. 89) von diesem pracht= vollen Saale: „specialiter habe posteritati (Nachkommenschaft) anmerkhen wollen, daß die bibliothek sehr vill mühe, arbeit vnd Kösten erfordert". Diese Bibliothek hatte vor der Säku= larisation eine ansehnliche Anzahl Bücher (noch jetzt sind 15,000 Bände vorhanden) aus allen Fächern der Wissenschaft. Unter den Manuscripten, welche Mabillon 1683 untersuchte, waren viele merkwürdige anzutreffen.

In der Mitte des Traktes gegen Norden, zwischen dem Konvent= und Gastgebäude, und nach Süden an den Mittelbau stoßend, befindet sich zu ebener Erde die schöne **Benediktus= Kapelle,** auch Privatchor genannt. Diese Kapelle wurde mit der Abteikapelle am 25. Juli 1738 von dem Weihbischof von Mayr eingeweiht. Der Hauptplafond stellt die Himmelfahrt Christi dar; die acht Nebenfelder zeigen uns die Sendung des hl. Geistes, dann Engel mit den Leidenswerkzeugen und lobpreisend den gegen den Himmel fahrenden Heiland. Das Ganze ist gemalt von Jakob Amiconi aus Venedig, angefangen den 20. Oktober 1725.*

Diese Kapelle hat drei Altäre. Der Hauptaltar steht gegen Norden. Das Altarblatt stellt die Aufopferung Marias im Tempel dar. Ober diesem Gemälde ist ein kleines Ovalstück, Gott Vater mit dem hl. Geiste, v. Hermann. (Das frühere Altarblatt, Maria mit dem Jesuskinde, gemalt v. Schönfeld für 75 fl., kam nach Wolfertschwenden.) Der Benediktusaltar steht gegen Westen; das Altarblatt zeigt uns den sterbenden Benediktus, gefertigt von Hermann, dem Vater, aus Kempten 1734 und kostete 75 fl. Ihm entgegengesetzt steht der Scholastikaaltar. Das Altarblatt, die sterbende Scholastika, ist gleichfalls von Hermann und kostete 20 fl. Die Altäre ver-

---

* Jakob Amiconi kam aus München, wo er mehrere Jahre beim Churfürsten gearbeitet hatte, im Monat Septbr. 1725 nach Ottobeuren, woselbst Abt Rupert II. am 1. Oktober einen Accord abschloß, betreffend die Ausmalung 1) der Abteikapelle in Fresko; 2) den Vorplatz auszumalen in Fresko mit 4 Feldern in Oelfarben; 3) den Privatchor oder Benediktuskapelle, auch Convent-Oratorium genannt, worin eine Kuppel mit Nebenfeldern in Fresko. Im Accord wurden ausgesetzt: a) für die Abtei-Kapelle 800 fl.; b) für den Vorplatz 500 fl.; c) für die Benediktuskapelle 600 fl. Amiconi arbeitete sein erstes Stück dahier hinter der Bibliothek im Jahre 1719. Besonders aber arbeitete er in Ottobeuren in den Jahren 1725 und 1728, in zwei Monaten des ersteren Jahres (1725) die Fresko-Arbeiten in der Benediktus- und Abteikapelle. In zwei Monaten des Jahres 1728 aber die Deckengemälde in Oelfarben in den vier Zimmern auf der Westseite des Mitteltraktes, sowie jene acht Stücke nach der nämlichen Art im Privatchore. Am 26. Mai 1729 reiste er das letztemal hier durch nach England und Holland, wurde noch ganz bezahlt mit 1000 fl., und hatte dem Abte die Abbildungen aller Kirchen Roms in Kupfer gestochen mitgebracht. Er starb in Spanien im Jahre 1752. — (Diarium T. VII.)

fertigte ein Schreinermeister aus Sontheim und bekam hiefür 349 fl. Die Bildhauerarbeit ist von den hiesigen Meistern Christian Döhm und Matthäus Zick; sie bekamen hiefür 125 fl. Für die Fassung der drei Altäre wurden dem Meister J. Friedrich Sichelbein aus Wangen 1000 fl. bezahlt. Er hatte sammt Gesellen die Kost, mußte aber Farben und Gold selbst liefern und seinen Gesellen den Wochenlohn ausbezahlen. Für die Stukadorarbeit in der Kapelle bezahlte Abt Rupert 100 fl. (Diar. Rup. T. XII. p. 130.) Von dieser Kapelle geht auch die Hauptstiege in die Gruft.

Im obern Stockwerk der Benediktuskapelle befinden sich acht, von Amiconi in Oel gemalte Deckengemälde, und stellen dar: 1) Die Geburt Christi und Anbetung der Hirten, 2) und 3) zu deren beiden Seiten 2 Engel, 4) und 5) Adam und Eva in — und nach der Sünde, 6) und 7) die Sündfluth und Noes Dankopfer, endlich 8) den Glauben (fides), letzteres Gemälde unvollendet. Von der Benediktuskapelle führt ein schönes **Stiegenhaus** in die Abtei- oder Kreuzkapelle, die sich gerade über dem Privatoratorium befindet. In den Nischen des Stiegenhauses sind die heil. Felizitas, der heil. Johannes v. Nepomuk, der hl. Othmar, der hl. Anton v. Padua, der hl. Schutzengel, die Erzengel Raphael, Michael und Gabriel in Lebensgröße aus Gyps von dem Stukador Bossi. Die Kuppel dieses Stiegenhauses wurde von Erler ausgemalt, und stellt die unbefleckte Empfängniß Mariä, die Anbetung des Lammes und den Triumph des hl. Kreuzes dar. Der Abt war mit dieser Arbeit nicht zufrieden, und es reute ihn, Erler und nicht Amiconi dieselbe überlassen zu haben. Durch eine Glasthüre tritt man nun in den **Vorplatz der Abteikapelle** ein. Der Reichthum an Gemälden, Bildsäulen, die leicht angebrachte Stukadorarbeit und sonstigen Verzierungen dieses Vorplatzes und der eigentlichen Kapelle machen einen überraschenden Eindruck auf den Besucher. Der Plafond stellt die hl. Familie dar, Joseph, Maria, das Kind Jesus mit dem Kreuzeszeichen und der hl. Johannes Baptista, rechts Simeon und Anna, links David und die Erzengel Michael, Gabriel u. Raphael. Amiconi malte diesen Plafond vom 1. bis 16. Oktober 1725. Abt

Rupert schreibt über diese Arbeit in seinem Tagbuche: „Ist eine schöne vnd rare Fresco Mahlerey, dergleichen wir im neuen Gebäu nit haben." (Diar. Rup. T. VII. pag. 134.) Oben, gegen die Wölbung der Kapelle, sind folgende Gemälde, und zwar gegen Osten: Die Geißlung Christi, 11 Fuß breit und 6 Fuß hoch; gegen Norden: Der zwölfjährige Jesus im Tempel, 16 Fuß breit und 6 Fuß hoch; gegen Westen: Die Krönung Christi, 11 Fuß breit und 6 Fuß hoch; gegen Süden: Die Vertreibung der Käufer und Verkäufer aus dem Tempel, 16 Fuß breit und 6 Fuß hoch. Diese vier Stücke auf Leinwand in Oel gemalt, verfertigte Amiconi in München und kam den 20. Mai 1726 mit denselben hier an. Amiconi sagte dem Abt, daß sie allein mehr werth seien, als was er für die Ausmalung der ganzen Kapelle erhalten habe. In den Nischen der Wände sind folgende Gypsstatuen: Der Erlöser, Maria, Zacharias, Joachim, Johannes der Täufer und der hl. Joseph. Der Italiener Bossi fertigte sie im Jahre 1728. Die übrigen Gypsverzierungen, sowohl in diesem Vorplatz, als in der eigentlichen Kapelle, sind von den Stukadoren Maini, Quadri und Johann Petrozi. Rechts und links befinden sich kleinere Räume für Aufbewahrung der Paramente. Durch eine Glasthüre kommt man nun aus diesem Vorplatz in die eigentliche **Abtei-** oder **hl. Kreuzkapelle.**

Der Altar steht gegen Norden; auf demselben befindet sich ein altes Gemälde, Maria mit dem Jesuskinde. Der Meister ist unbekannt. Das Altarblatt von Amiconi 1728 gemalt, stellt Christus am Kreuze dar, am Fuße des Kreuzes Magdalena mit weinenden Engeln. Das Deckengemälde, darstellend das blutige und unblutige Opfer, malte Amiconi 1725. Das Koncept hiezu gab ihm Abt Rupert an, er soll darstellen das blutige und unblutige Opfer in einem Vesperbild cum accessoriis. In den 9 Nebenfeldern sind von demselben Maler in Fresko gearbeitet: Die vier Evangelisten, Petrus und Paulus, Engel mit Leidensinsignien und Rauchfässern.* Die 16 Passions- und Kreuzwegstücke hier und im Vorplatz sind von Erler.

---

* Sämmtliche Gemälde von Amiconi zeichnen sich durch eine eigene Behandlung des Incarnats, durch Frische der Farben, correcte

Als eine weitere Zierde befinden sich noch in dieser Kapelle acht und auf dem Stiegenplatz außer dem Vorplatz der Kapelle 14, zusammen 22 Bas-reliefs aus farrarischem Marmor, 1 Fuß 6 Zoll hoch und 1' 6" breit, von dem berühmten Bildhauer Georg Petel aus Weilheim, geb. 1600, gestorben 1636. Kenner wollen diese Stücke, wie das Registrum Abbatiale bemerkt, noch einem älteren Meister zu schreiben. Sie stellen das ganze Leben, Leiden und die Verherrlichung Christi dar. Den 24. August 1782 bezahlte Abt Honorat hiefür 218 fl. Rechts und links von der Abteikapelle sind zwei kleine Räume, in welchen zwei Altäre stehen, einer zu Ehren der hl. Ursula, und der andere zu Ehren des hl. Michael. Sie sind aus der kindelmannischen Kirche.

Hinter dem Altare der Abteikapelle führt eine Thür in die Kirche, und zwar zunächst in das **Oratorium des Abtes** auf der Epistelseite des Kirchenchores. Auf beiden Seiten der Kniebank sind zwei sehr schöne Holz-Bas-reliefs, nämlich das Abendmahl und Jesus im Schooße seiner Mutter, von Joseph Weinmüller 1782. Außer diesen befinden sich noch darin zwei alte Stücke, ein Denkmal des Abtes Leonhard und ein Fragment der hl. Apostel.

Von diesem Oratorium aus gelangt man in die sogenannte hl. **Dreikönigskapelle,** welche die zweite Etage jenes Ganges bildet, der vom Beichthause aus in den Kreuzgang des Gastgebäudes führt. Der Altar steht gegen Süden. Das Altarblatt ersetzt ein Bas-relief der heiligen Dreikönige, woher die Kapelle ihren Namen führt.* Auf beiden Seiten des Altares sind 2 Brustbilder, unsere Kirchenpatronen

---

Zeichnung und ideale Auffassung des Gegenstandes aus. Außerordentlich zart sind seine Freskomalereien mit Oelfarben und vom besten Leinwandgemälde nicht zu unterscheiden. Abt Rupert spricht sich hierüber so aus: Alle diese Malereien sind von der Kunst also beschaffen, daß allhier dergleichen noch nicht gesehen worden und vielleicht in ganz Deutschland nicht zu finden sind. (Diarium ad annum 1728. p. 32.)

* Dieser Altar war früher in der kindelmannischen Abteikapelle.

Alexander und Theodor vorstellend; ingleichen 2 sehr schöne Bas-reliefs, die 4 lat. Kirchenväter und einige Ordensheilige. An den Wänden der Kapelle befinden sich sehr kunstreiche Schnitzwerke, theils Bas-reliefs, theils Haut-reliefs, aus der kindelmannischen Kirche und zwar gegen Osten: 1) Jesus der Gekreuzigte, als ein Aergerniß der Juden, 2) als eine Thorheit der Heiden, 3) als die Kraft und die Weisheit aller Auserwählten und Rechtgläubigen, 4) Jesus betet am Oelberg und wird 5) verrathen und gefangen, diese beiden besonders schön geschnitzt nach einem Passionsbilde von Albrecht Dürer. 6) Jesus erscheint nach seinem Tode seiner Mutter und 7) der hl. M. Magdalena. 8) Juden halten ihr Osterfest. Gegen Westen hängen: 9) Jesus hält sein letztes Abendmahl und 10) wascht seinen Jüngern die Füße, 11) Jesus vor Annas, 12) vor Pilatus, 13) die Juden sammeln das Manna; gegen Mitternacht hängen: 14) Jesus geht mit den zwei Jüngern nach Emaus und 15) die drei Marien besehen das Grab des Heilandes. Alle diese schönen und guten Holzarbeiten sind aus der kindelmannischen Stiftskirche und wurden von dem Bildhauer Thomas Heidelberger aus Memmingen verfertigt.*

Dieser Kapelle entgegengesetzt ist der sogenannte **Winterchor,** und bildet das zweite Stockwerk jenes Ganges, der aus der mittern Sakristei in die äußere führt. Gegen Westen hängen folgende Gemälde: Der hl. Ildefons, Benedikt und Papst Gregor der Große. Das Cruzifix ebendaselbst, eine gute Arbeit und in Lebensgröße, ist von dem Bildhauer J. Weinmüller 1782. Ueber den Chorstühlen hängen drei Ovalstücke, darstellend: Gott Vater, Sohn und hl. Geist, von Erler und befanden sich früher in der Sommer-Abtei. Vor dem Winterchore sind die Oelgemälde: Der heil. Anselm, der heil. Peter Damianus und Hermann, der Kontrakte. Jedes dieser und jener an der westlichen Wand im Winterchore hängenden Gemälde ist 6 Fuß 8 Zoll hoch und 3 Fuß 9 Zoll breit. Diese 6 Gemälde ließ Abt Peter Kimmicher 1660 durch den

---

* Registrum Abbatiale majus.

Kunstmaler Chr. Storer aus Konstanz (geb. 1611, gest. 1671) für die alte Muttergottes-Kapelle verfertigen.*

Vom Winterchore begeben wir uns wieder zurück, und zwar auf den Stiegenplatz, außer dem Vorplatz der Abteikapelle. An der Decke dieses Platzes erblicken wir drei kleinere Frescogemälde, nämlich: Den Schutzengel Ottobeurens, die Bestrafung des Heliodorus und den Traum Jakob's, gefertigt v. Fr. A. Erler um das Jahr 1728.

In diesem Platze hängen auch 8 sehr schöne Oelgemälde von J. Fr. Sichelbein aus Memmingen um das Jahr 1600 gemalt, und stellen die Geschichte des hochheiligen Sakramentes in Beningen dar,** und zwar gegen Westen: 1) Der neidische

---

* Series Abbatum a P. Krez. Das Registrum Abbatiale eignet sie mit Unrecht dem Kunstmaler J. F. Sichelbein aus Memmingen zu.

** Die Geschichte von diesem hochwürdigsten Sakrament ist kurz folgende: Im Jahre 1216 standen zwischen dem Dorfe Beningen und der Stadt Memmingen auf dem sogenannten Ried zwei Mühlen. Dem Inhaber der obern Mühle, einem rechtschaffenen Manne, erging es in Allem sehr gut, was den Neid des Nachbars erregte. Um ihm zu schaden, sann er auf ein arges Verbrechen. Am grünen Donnerstag des Jahres 1216 empfing er mit den übrigen Pfarrgenossen die hl. Kommunion, genoß aber den Leib des Herrn nicht, sondern wickelte ihn in ein Tüchlein, schlich sich damit zur Nachtszeit in das Mühlwerk seines Nachbars, und legte die hl. Hostie unter den sogenannten Laufer. Hier verblieb die hl. Hostie ein ganzes Jahr unversehrt, und die Absicht des untern Müllers, seinem Nachbar das Glück zu nehmen, wurde nicht erreicht. Deßhalb schlich er sich abermals in die Mühle, nahm die hl. Hostie aus dem Laufer, und legte sie unter den Mühlstein, wo sie bald entdeckt wurde. Man machte sogleich Anzeige beim Orts-Pfarrer, der sie, bekleidet mit dem Chorhemb, abholte, und wie er die hl. Hostie aus dem Becher nahm, wohin sie der Müller gelegt hatte, floß das hl. Blut über seine Hände. Bald darauf ward die hl. Hostie nach Memmingen übersetzt, und als Bischof Siegfried von Augsburg dieselbe untersuchte, floß wieder Blut aus der Wunde, welche die hl. Hostie durch das Umgehen des Mühlrades erhalten hatte, hervor. Später durfte sie, weil die Brodsgestalten zu verwesen anfingen, nicht mehr angebetet, sondern nur als eine hochheilige Reliquie verehrt werden. Nachdem die Reformation in Memmingen eingeführt worden war, verschwand mit der Verehrung auch alle weitere Kunde von diesem Heiligthum. Feyerabend B. II. p. 295 u. b. f.

Müller empfängt zur österlichen Zeit gottlos und gottesräuberisch die hl. Kommunion, 2) er setzt die hl. Hostie in den Laufer, und ein Jahr später unter den Mühlstein. Gegen Süden: 3) Der göttlichen Stimme: „Hier werd ich zermalmt, das höchste Gut", suchen die unschuldigen Müllersleute nach und finden die hl. Hostie. 4) Der Ortspfarrer übernimmt die hl. Hostie. Die Mühle des Gottlosen wird von der Erde verschlungen. 5) Das wunderbarliche Sakrament wird nach Memmingen gebracht. Gegen Norden: 6) Bischof Siegfried v. Augsburg untersucht die hl. Hostie. Gegen Süden: 7) Aus dem Becher Trinkende und 8) mit dieser hl. Hostie Gesegnete oder Berührte erhalten übernatürliche Gnade und Genesung.

Von diesem Stiegenplatz aus findet der Eingang in die sogenannten Amiconi-Zimmer und die Räume der ehemaligen Bildergallerie und der naturhistorischen u. physikalischen Sammlungen statt. Der Plafond vor dem Eingang in die Amiconi-Zimmer ist von Amiconi in Oel gemalt im Oktober d. Jahres 1728 und stellt allegorisch die Demuth (Humilitas oder Modestia sagt Abt Rupert in seinem Tagbuche) vor. In den acht ovalen Nebenfeldern sind Landschaften. Ober der Thüre hängt das Portrait des P. Nikolaus Ellenbogen, geboren zu Biberach 1481, Profeß dahier 1505 und gestorben 1543.[*]

Diese **Amiconi-Zimmer** mit der Winterabtei und der Bildergallerie und den übrigen Räumen für die früheren Sammlungen bilden die zweite Etage des Mitteltraktes. Das erste dieser Zimmer, zunächst an der Abteikapelle, zeigt im Plafond die Gerechtigkeit, das zweite stellt dar die Weisheit; in den Nebenfeldern sind wunderliebe Knäblein gemalt. Im dritten Zimmer malte Amiconi al fresco die allegorische Figur

---

[*] P. N. Ellenbogen war dahier mit großem Ruhme Novizenmeister, Oekonom und Prior, unersättlich im Lesen und ein Kenner der griechischen Sprache. Mit den berühmtesten Männern seiner Zeit stand er in einem Briefwechsel. Seine Briefe wanderten nach Paris in die colbertinische Bibliothek. Er schrieb mehrere polemische Schriften in zierlichem Latein, die nicht gedruckt wurden, und zumTheil noch vorhanden sind.

des Friedens mit vier schönen Landschaften. Die geschmackvollen und nicht überladenen Stukavorarbeiten dieser Zimmer sind von den Stukadoren Dominico Minola, Ambrosio Thogniachi, Carlo Medea und Antonio Quadri.*

In der Mitte dieser Etage befindet sich die **Winterabtei**. Das Plafondgemälde des Vorplatzes** ist die erste Arbeit von Amiconi im hiesigen Kloster, vollendet am 30. Oktober 1719, und wurde mit 75 fl. bezahlt. Es ist die mythologische Vorstellung einer nach Gott strebenden Seele, welcher Herkules mit der Keule zur Seite geht und sie von den Lastern hinweg zu Jupiter führt. (Virtus perducitur ad superos per fortitudinem.)***

Der Plafond der rothen oder Winterabtei stellt die allerheiligste Dreifaltigkeit vor; unten die drei theologischen Tugenden: Glaube, Hoffnung und Liebe. Ober dem Eingang im Saale, gegen Osten, hängt das Portrait des Abtes Rupert II., wie er die allerheiligste Dreifaltigkeit anbetet. Ueber den Seitenthüren und zwar gegen Mittag befindet sich der heilige Erzengel Raphael; gegen Norden, über dem Eingang in die anliegenden Amiconizimmer, der hl. Erzengel Michael. Ueber

---

* D. Minola erhielt wochentlich 5 fl.; die übrigen 3 1/2 — 2 1/2 fl.

** Von hier aus ist auch ein Eingang in den Bibliotheksaal.

*** Abt Rupert sagt hierüber in seinem Tagbuche: Dieses Stück besteht theils in einer Poeterei, theils in einer Moralität und hat diesen Sinn: Hercules führt die Tugend ad Jovem et Junonem contemtis vitiis, welche die Tugend remoriren wollen, das ist: Mundus caro et dæmon conantur impedire et retrahere animam, tendentem ad Deum. Es ist dieses Stück more italico etwas keck gemalt, so ich zwar nicht gerne gesehen, auch behotirt den Künstler, welcher aber mich nicht hat einreden lassen, mit Vermelden, man werde ja seine Kunst nicht einschränken wollen, als welche sich allein und meist in der Vorstellung der Natur und Glieder zeigen müsse; worauf ich es gleichwohl habe gehen lassen, zumal, weil er eine Probe hat machen wollen, daß man ihm mehr Arbeit zu kommen lasse. Diar. Ruperti ad ann. 1719 p. 68.

dem Haupteingang befindet sich noch einmal der hl. Michael und ihm gegenüber ein Muttergottesbild. Ueber den Fenstern sind 9 Seelandschaften (Seehäfen), die leider schon stark gelitten haben. Sämmtliche Gemälde, sowohl al fresco, als auf Leinwand, sind in den Jahren 1717—1720 von P. Magnus Remy von Irrsee ausgeführt worden. In diesem Saale steht ein noch gut erhaltener, 12½ Fuß hoher Rococo-Ofen, der von dem hiesigen Hafnermeister Martin Baumeister 1715 für 40 fl. gesetzt wurde. Die Einfassung des Ofens, die Liebe zu Gott darstellend, ist von Hermann, dem Vater, 1717 gemalt.*

---

* Das Koncept für die Verzierung dieses Saales gab Abt Rupert selbst an, und da es von seiner hohen Verehrung gegen die allerheiligste Dreifaltigkeit und seinem tief religiösen Sinne ein so glänzendes Zeugniß gibt, so soll es hier wortwörtlich einen Platz finden. „Weilen in der Winter-Abbtey eine grosse felbung gestanden, welche nothwendig hat sollen ausgemahlet werden, So habe ich vmb einen Künstler getrachtet, welcher mir möchte satisfaction geben. Einen solchen habe gefunden zu yrsee, Namens F. Magnus Remy professus ibidem, welchen mir dan bei hl. prælaten hochwürden außgebetten, auch erhalten. Das concept, oder die Jnvention habe Ich Jhme an die handt geben, Nemblich Er sollte mir principlr mahlen S. S. Trinitatem in den wolckhen vnd glori, vnden aber die tres virtutes Theologicas, Fidem, spem et Charitatem, Jede mit anständig vnd Zugeaigneten actu, vnd zwar in hunc finem, weil principaliter wollen anzeigen meine vnendliche obligation ad Deum Unnum et Trinum, als primum principium et ultimum finem omnis boni: Sodann in virtutibus Theologicis habe sowohl mir, als allen Spectatoribus Predigen vnd ermahnen wollen, wie vnser hertz vnd gemüth; cogitones, verba et opera; memoria, Jntellectus et voluntas erga S. S. Trinitatem solle gericht vnd erhoben seyn, wie dan consideranti has virtutes Thlcas nothwendig gutte gedankhen zugehen sollen, sonderbahr einem prælaten, der da, wan Er anderst glückhselig regiren will, beständig per actus fidei, spei et Charitatis mit Gott muß vereiniget sein, von Jhme alles begehren, hofen, vnd erhalten 2c. wie dan auch in disem stuckh meine wenige devotion neben großer Obligation ad S. S. Trinitatem contestiren wollen, als welche mich bis anhero wunderbarlich gesegnet in Regularibus, publicis et Oeconomicis, specialiter in ædificatione Monasterii Ao 1711 cœpta et

In dem anliegenden Schlafzimmer gegen Süden ist der Plafond, darstellend einen Engel mit dem ottobeurischen Wappen, und vier Knäblein als Eckstücke von Ruffini gemalt 1719. Die Stukadorarbeit im vollendetsten Rococo ist [von Bossi und andern Welschen.

---

hactenus feliciter continuatâ, also das Ich bey mir das neue Closter nit anderst taufen Kan, als Domum S. S. Trinitatis, in qua Jlli unice vivendum et serviendum sit Religiosis et Abbati. Es befinden sich in diesem Gemähl allerhand gedanckhen, wie inspicienti patebit, præ cæteris führt Charitas mein wappen in dem herzen, so drey nulla, oder ring, auch drey O. welches alles sein interpretation hat, zu meiner direction vnd instruction. Es zaigen sich auch allerhandt Jnscriptiones, als: æquæ multæ non potuerunt extinquere Charitatem ꝛc. Sodan seind auch hiehero applicirt worden jene alte vers, so allhiro in einem vralten buch gefunden, vnd vor eine prophezey gehalten werden: Als Otto T — in BVRRA Snb ænigmate disce futura! Si Quadratura careas, nimis es ruitura. Auf welches bise vers a R. p. Felice Stang gemacht, mithin obiges ænigma also exponirt worden, wie ob dem grundriß des Clostergebäus Zu sehen: Sorte nec obscurâ, crescis perfecta figura, ut Superum curâ maneas sinc fine statura. In dem buech, so Fides führt, wird mit 2 versen gbeuttet auf jene prophezey, so in Chronicis nostris de B. Ruperto Zu finden: Ruperti Curâ primi quoque duratura ad finem mundi, Rebus servanda Secundis. bey welchen versen der author sowohl auf die alte Zeit Ruperti primi, als jetzige Ruperti secundi alludiren wollen. Deus Unus et Trinus secundet! Neben dem hauptgemähl zeigen sich in 2 Kleinen Nebenfeldern, B$\overline{m}$a V. Maria cum affectu ad S. S. Trinitatem, Quasi diceret: Magnificat anima mea Dominum etc. ob der thür S. Arch. Michael, quasi defenderet honorem S. S. Trinitatis gladio et clypeo munitus, auf welchem Zulesen: Quis ut Deus? ob den 2 nebenthüren habe wollen in oval mahlen lassen S. Arch. Gabrielem, Qui dicitur Fortitudo Dei: vnd S. Arch. Raphaelem, qui est Medicina Dei. wobey die gedanckhen geführt, das Erstl. diese himmlische ministri S. S. Trinitati aufwahrten sollen; Sodann auch intercessione sua ante thronum S. S. Trinitatis pro me et Monasterio Alles Guttes erhalten, vnd von allen ybel corporis et animæ bewahren; vnd drittens, weilen S. Michael allzeit patronus Monasterii gewesen, auch Ich in festo apparitionis S. Michaelis eligirt, in festo aber S. Raphaelis benedicirt worden, so habe vmb so mehr vrsach gehabt, solche mir als

Aus diesem Schlafzimmer führt eine Thür gegen Süden in das sogenannte **Eustachiuszimmer**. Der Plafond auf Leinwand, gemalt von Jakob Zeiler, stellt die Bekehrung des hl. Eustachius dar. Die kleinern Nebenfelder zeigen uns: 1) den Verlust seiner Frau; 2) den Verlust seiner Kinder; 3) die Mutter findet wieder ihre Kinder, und 4) diese finden wieder ihren Vater. (Diese vier Stücke sind von Hiemer.) 5) Eustachius überwindet seine Feinde; 6) er zieht triumphirend in Rom ein; 7) alle überwinden das Heidenthum, und 8) alle vollenden ihren Martertod. (Diese letztern vier Stücke sind von Gäsl.) Die Stukadorarbeiten in diesem Zimmer sind von Feuchtmayr und Albert Schöpf.

In dieser Etage befinden sich auch, wie schon Seite 75 bemerkt wurde, die **Gallerie-Zimmer** und bilden gleichsam den Gang dieses Stockwerkes. In den vier Zimmern nördlich vom Vorplatz der Winterabtei erblickt man kleine Freskomalereien von Erler, und zwar im ersten: Judith, David u. Josue; im zweiten Zimmer 10 Thierstücke; im dritten 4 Jagdstücke,

---

patronos vorzustellen. Ober der thür habe mich in habitu Abbatiali knieend abmahlen lassen wollen, vnd zwar wie Ich verlange S. S. Trinitati verum cultum Latriæ nach allen Kräften zu erweisen, vivam fidem, firmam spem, et Charitatem ardentem allzeit im hertzen zuführen, in mir vnd andern Zupflantzen und dardurch alles ybel abzuwenden mit allem gutem gesegnet zu werden. Ob den fenstern habe lauter Meerport mahlen lassen, dardurch anzuzeigen: das S. S. Trinitas ein vnergründtliches Meer alles Gutten vnd vollkommenheiten seyn ꝛc. Ist also diese Mahlerey in der Winterabbtey eine beständige Exhortation vnd Predig so wohl pro me et Successoribus meis, welche wohl zu Notabeniren; vnd glaube festiglich, Ottoburam Semper fore felicissimam, quamdiu S. S. Trinitati devotam, actibus fidei, spei et charitatis: wie dan benedictio Divina in ædificatione Monasterii also hervorscheint, das Ich sagen muß: Quod sit opus Dei, S. S. Trinitatis, et non hominis: vnd biß nit ob meam devotionem et unicam confidentiam ad S. S. Trinitatem, sondern vill mehr ob desiderium promovendi cultum latreuticum et honorem S. S. Trinitatis etc. Gott gebe, ut infirmum meum desiderium opere ipso compleatur, per gratiam Dei, Unius et Trini!" (Diar. T. III. p. 115—123.)

und im vierten 6 Darstellungen aus der Mythologie. In den 4 südlich vom Vorplatz der Winterabtei gelegenen Zimmern wurden sämmtliche Plafonds von Thalheimer gemalt, mit Ausnahme des geheimen Archives oder Kabinetes, dessen Kuppel, darstellend Abt Rupert II. wie er die heiligste Dreifaltigkeit anbetet, von Fr. Spiegler aus Wangen 1724 gemalt wurde, aber mißlungen ist.

Vor der Säkularisation befanden sich in diesen Gallerie-Zimmern viele werthvolle Gemälde und Kunstsachen. Sie hatten nach der Schätzung des Kunstmalers Rumy aus Schaffhausen einen Werth von 42,384 fl. Zur Zeit sind in diesen Zimmern nur noch einige Portraits von hiesigen Konventualen aufbewahrt, wie der beiden Kanonisten Schmier, des Hauschronographen P. A. Krez, des Priors Molitor ꝛc. (Registrum Abbatiale, in welchem alle einst vorhandenen Gemälde nebst Schätzung verzeichnet sind.)

In der ersten Etage dieses Mitteltraktes befand sich die ehemalige Küchenmeisterei und das Kastenamt. Zu ebener Erde befindet sich die helle und geräumige Küche und das Haupt-Treppenhaus für das Konventgebäude von Westen her. Der Hauptplafond wurde von Stauder aus Konstanz 1725 gemalt, und stellt dar den hl. Vater Benedikt auf einem Triumphwagen, von den vier Theilen der Welt gezogen. Oben in den Wolken ist die allerheiligste Dreifaltigkeit. In den vier kleinern Feldern sind allegorisch die 4 dem Orden versprochenen Gnaden, und zwar gegen Nordwesten: Ein Engel mit einem Palmzweige und einer goldenen Krone, dabei die Worte: Diligentibus sanctum Ordinem felix vitae exitus. (Denen, die den Orden lieb haben, wird ein glückseliger Tod zu Theil.) Gegen Nordosten: Ein Engel, einen Schild, auf dem der Name Jesus steht, gegen ein siebenköpfiges Ungethüm haltend, weist mit der Rechten auf eine, auf einem Berge stehende Kirche. In fine mundi stabit fideliter et fortiter. (Der Orden wird bis an das Ende der Welt getreu und standhaft bestehen.) Gegen Südosten: Ein Engel mit einem Kranze in der Hand, zeigt auf ein offenes Buch. Perseverantibus in sancto ordine beatitudo. (Denen, die im hl. Orden verharren, wird die ewige Seligkeit zu Theil.) Gegen Süd-westen: Ein Engel schleudert Blitze gegen ein zu seinen Füßen liegendes Todtengerippe. Persequentibus s. Ordinem vita brevis, mala mors. (Denen, die den heil. Orden verfolgen, steht ein kurzes Leben und ein böser Tod bevor.) Für diese ganze Arbeit wurden dem Maler Stauder 200 fl. bezahlt. Oben auf dem Gesims stehen die Gypsstatuen des heil. Maurus, Plazidus, Gregor des Großen und des heil. Magnus, wahrscheinlich von Bossi. Unten, am Thore standen vor der Säkularisation die zwei Statuen des heil. Benedikt und seiner Schwester Scholastika von Volpini. (Diar. Rup. ad annum 1722 et 1725.)

Ueber den Thüren des Mitteltraktes sind die Brustbilder der römisch-deutschen Kaiser aus Gyps.

An die Gallerie- und Nebenzimmer der Winterabtei stoßend, im Trakte gegen Süden und im Vorschuß zwischen dem Convent- und Gastgebäude, liegt in der zweiten Etage die **Sommer-Abtei**. Das Hauptgemälde des Vorplatzes: Der anbrechende Tag vertreibt die Nacht, und in den Nebenfeldern die vier Elemente sind von Hermann sen. aus Kempten 1719 gemalt für 80 fl. In den Nischen der Wände sind die allegorischen Statuen der Gerechtigkeit, Weisheit, Klugheit und Mäßigung aus Gyps v. Bossi. Die Sommerabtei selbst besteht aus einem lichten, geräumigen Saale und mehreren kleinern, aber sehr wohnlichen Zimmern und hat die Aussicht über die Oekonomie-Gebäude weg auf die allgäuer Berge. Das Plafondgemälde, der Frieden und die Gerechtigkeit küssen sich, wurde von Elias Zobel 1716 gemalt. Aus dem Saale führt gegen Westen eine Thür in das **Krankenzimmer** des Abtes. Gegen Morgen stand früher ein kleiner Hausaltar mit den beiden Gypsstatuen: St. Benedikt und Scholastika. Der Plafond ober dem Altare stellt die allerheiligste Dreifaltigkeit vor; das Deckengemälde und die Nebenfelder des Krankenzimmers selbst zeigen uns die Geschichte der Propheten Elias und Elisäus, entworfen und ausgeführt von Zobel.

In den anstoßenden Zimmern, die theils als Biblio-thek für den Abt, theils als Registratur und Privat-

Gallerie benützt wurden, sind sämmtliche Deckengemälde, die leider immer mehr ihrem Verfalle entgegengehen, von Arbogast Thalheimer im Jahre 1721 gemalt. In dem einen Zimmer erblickt man vier Jagdstücke, nämlich eine Bären-Straußen-Hirsch- und Löwenjagd. In dem andern Zimmer ließ Abt Rupert allegorisch die fünf Sinne des Menschen darstellen, und zwar gegen Osten: 1) Visus (das Gesicht). Venus Urania, die Göttin der Mathematik und Astronomie, beschaut mit einem Tubus die Constellation des Triangels. (hl. Dreifaltigkeit.) Um diese sitzen die Propheten in Figuren der Astrologen. Unten liest man: Videmus nunc per speculum in aenigmate. 1. Cor. 13. (Jetzt sehen wir durch einen Spiegel räthselhaft. 1 Cor. 13.) Gegen Norden: 2) Gustus (Der Geschmack.) Die göttliche Liebe, an einen Palmbaum geheftet gleich dem gekreuzigten Erlöser, läßt unter ihrem Schatten die Seele als eine Nymphe gebildet ruhen, welche von diesem Baume des Lebens einige abgebrochene Früchte genießt. In der Ferne zeigen sich Adam und Eva. Unten stehen die Worte: Anima gustans ait: fructus ejus dulcis gutturi meo. Cant. 2. (Die verkostende Seele sprach: Seine Früchte sind süß meinem Gaumen. Hoh. Lied 2.) Gegen Süden: 3) Tactus (das Gefühl). Die göttliche Liebe sitzt auf einem flüchtigen Rehböcklein und schießt im vollen Laufe auf die Seele, welche als eine christliche Diana den fliehenden Liebesgott verwundet hat. In der Ferne zeigt sich die tödtlich verwundete falsche Welt, oder die politische Liebe in der Person des Joabs, wie er den Amassa küssend entleibt; dabei die Worte: Meliora sunt vulnera diligentis, quam fraudulenta oscula odientis. Prov. 27, 6. (Besser sind die Wunden des Liebenden, als die listigen Küsse des Hassers. Sprüchwörter 27, 6.) Gegen Abend: 4) Odoratus (der Geruch). Die Seele als sunamitische Braut Gottes nach dem hohen Liede findet sich bei ihrem Geliebten — Christus — im salomonischen Garten, bietet ihm einen Blumenstrauß der zusammengelesenen Tugendwerke, deutend auf den Berg Libanon. Odor ejus ut Libani. Osea 14, 7. (Sein Geruch ist gleich dem Libanon. Osea 14, 7.) In der Mitte des Zimmers, an der Decke: 5) Auditus (das Gehör). Die

24 Aeltesten nach der Apokalyps stimmen der heiligsten Dreifaltigkeit das hohe Trisagion (dreimal heilig) an, welches wir auf Erden nicht genug verstehen, gleich wie wir aus dem Gemälde keinen Ton vernehmen, obwohl wir deren Verrichtung und Bemühung sehen. Unten liest man: Qui novit Deum, audit nos. Qui non est ex Deo, non audit nos. 1. Joh. 4. (Wer Gott kennt, höret auf uns; wer nicht aus Gott ist, höret nicht auf uns. 1. Joh. 4.) Im dritten Zimmer ließ Abt Rupert die drei Kräfte der Seele und dazu die Ratio allegorisch darstellen, und zwar auf folgende Weise: 1) Gegen Morgen: Jntellectus (Verstand), gebildet als einen Jüngling mit einer Krone auf dem Haupte, aus welchem eine Flamme steigt; in der linken Hand einen Adler, in der rechten einen Scepter haltend. Merkurius naht sich dem Jünglinge mit einem Heroldsstabe, ihm gleichsam nach der Sonne der ewigen Gerechtigkeit zeigend. Die Landschaft stellt die Winterzeit vor. In der Mitte steht ein Fels, worauf junge Adler, gleichsam aus ihrem Neste ausfliegen; der alte Adler schwingt sich der Sonne zu, den Jungen den Weg zu Gott zeigend. Der Himmel stellt vor das Element der Luft mit Wolken und Vögeln. Ein Kind hält einen Ovalspiegel mit einem Perspektiv als Zeichen der Kardinaltugend der Weisheit, die dem Verstande so nothwendig ist. Die Inschrift ist aus dem 31. Psalm: Jntellectum tibi dabo et instruam te in via hac, qua gradieris. (Ich will dir Verstand geben und dich unterrichten in diesem Wege, den du wandeln sollst.) Gegen Westen: 2) Memoria (Gedächtniß), als eine Jungfrau, hinter ihr die Zeit oder Janus, auf die Stirne deutend mit einem Spiegel, worin die Zeit oder Janus. In der Luft die Morgenröthe; die Gerechtigkeit mit der Wage, in Gestalt des Himmelszeichen der Jungfrau. Dabei sind eine Hand, ein offenes Buch, ein Futeral mit Ringen und Juwelen; das Feld mit Getreide stellt den Sommer vor. Ein Berg mit brennendem Reisig, darauf der Phönix. Auf dem Haupte der Jungfrau steht ein Kreis. Die Inschrift lautet: Jmmortalis est Memoria Jllius, quoniam et apud Deum nota est, et apud homines. Sap. 4. (Unsterblich ist sein Andenken, und bei Gott und den Menschen ist es anerkannt. B. d. Weisheit. 4.) Gegen Süden ist: 3)

Voluntas (der Wille), eine Jungfrau mit Flügeln und einer Krone in einem Irrgarten. Außen steht Herkules mit seiner Keule als Sinnbild der Vernunft und Stärke. Aus seinem Munde geht ein goldenes Kettlein, dessen Ende der irrende Wille (Voluntas) hält, und sie aus dem Irrthume führt. Gegenüber stehen zwei Säulen des Herkules, als Zeichen des letzten Zieles, wohin Herkules mit der Rechten dem Willen zeigt; auf jedem Kapital liegt ein Kranz, der eine von Dornen, der andere von Lorbeer, beide werden in dieser Form — M — zusammengewunden; an dem Bande hängt ein goldener Ring oder eine Krone. Das Feld stellt vor den Frühling, welcher die Erde ziert; darauf ein Strauß mit ausgebreiteten Flügeln und ihm rückwärts auf der Luft ein mit Blumen gekrönter Wiedehopf, der dem Zephyrus in die Flügel blasend, zum schnelleren Lauf verhilft. Inschrift: Deus est, qui operatur in nobis et velle et perficere pro bona voluntate. Philipp. 2, 13.) (Gott ist es, der in uns das Wollen und Vollbringen wirkt. Philipp. 2, 13.) Gegen Norden ist die Ratio (Vernunft) als eine Jungfrau, stehend auf einem getödteten, vielköpfigen Drachen, auf einem Wildschweine, Hirsche und dem todten Riesen Antaeus und sich stützend auf eine mit Oliven umwundene Keule des Herkules. Nächst dabei ein Genius, einen Löwen führend, ebenso ein Pferd, an der Korde die Volte machend, weil auch die Thiere durch Vernunft bezähmt werden. Das Feld stellt vor den Herbst mit Weinbergen. Daneben ein Fluß, worin Schwäne schwimmen. In der Luft die Constellation der Leier und des Wassermannes. Inschrift: Si vis tibi omnia subjicere, te subjice rationi; multos enim reges, si ratio te rexerit. Senec. Epistola 37. (Wenn du dir Alles unterwerfen willst, so unterwirf dich der Vernunft; denn du wirst viele leiten, wenn dich die Vernunft leitet.) Seneka Brief 37.) In der Mitte der Decke des Zimmers ist die Sonne, zu zeigen, daß alle Kräfte der Seele sich zu Gott, als der Sonne, dem Mittelpunkte und letzten Ende, richten sollen.*

An diese Zimmer schließt sich das sogenenannte Saletl oder Speisezimmer des Gastgebäudes an, und liegt gleichfalls

---

* Diarium Ruperti ad ann. 1721.

im Trakte nach Süden. Das Plafondgemälde stellt das siebte Lebensalter der Welt dar, in welchem wir leben. Abt Rupert sagt: In diesem Gemälde ist dargestellt der Erlöser in einem Triumphwagen, von den vier evangelischen Thieren gezogen; voraus geht der heil. Johannes Baptista, die Zeit und Prophezeiung, die in einem Fähnlein die Worte führt: Venit plenitudo temporis Gal. 4. (Es kam die Fülle der Zeit. Gal. 4.) Der Heiland lehnt und stützt sich auf die katholische Kirche; oben herum lassen sich sehen die Gerechtigkeit, die Unschuld, der Engel, der mit dem Blute Christi die Handschrift austilgt. Unten ein Engel, der in einer Hand eine Schlange, in der andern einen feurigen Strahl mit dem Namen Maria führt, um anzudeuten: sie wird dein Haupt zertreten sammt den 4 Theilen der Welt, die vom Erlöser und der Kirche erleuchtet werden. Invention und Ausführung sind von Stauber 1721.*

Die in dem Saale herumstehenden Statuen aus Gyps und mit Metallgold gefaßt, sind die übrigen sechs Weltalter und werden repräsentirt gegen Osten: durch Adam (erstes Weltalter von 1656 Jahren) und Noe (zweites von 382 Jahren;) gegen Norden: durch Abraham (drittes von 425 Jahren;) gegen Süden: durch Moses (viertes v. 476 Jahren); gegen Westen: durch David (fünftes von 577 Jahren) und Zorobabel (sechstes von 536 Jahren). Abt Rupert bemerkt hiezu: Der Gedanke sammt dem Saale ist recht wohl gemacht zur Glorie des Erlösers, der uns mit seinem Blut erlöst hat.

In der ersten Etage dieses Breitetraktes vom Kloster gegen Süden befanden sich früher, gerade unter der Sommer-Abtei, die Kanzlei, jetzt als **Refektorium** benützt. In ihm sind die Portraite einiger Aebte aufbewahrt, wie an der Wand gegen Süden: Abt Rupert II. † 1740, gemalt von

---

* Abt Rupert sagt hierüber: Weil hier eine Kuppel auszumalen war, so hab ich solche Stücke H. Joh. Jakob Stauber aus Konstanz anvertraut, welches er auch mit Oelfarben auf die Mauer in 10—12 Tagen gemacht, wofür ich ihm 300 fl. bezahlte. Es wollte mich viel Geld bedünken, weil er aber ein schönes Stück und Jnventionem gemacht, so hab ich solches müssen gelten lassen. (Diar. ad 1721 T. V.)

Stauber; rechts: Abt Honorat Göhl † 1802; links: Paulus Alt † 1807. Gegen Osten: Abt Anselm Erb † 1767; St. Ulrich † 971. Gegen Süden: Abt Petrus Kimmicher † 1672; Abt Kaspar Kindelmann † 1584; Abt Gordian Scherrich † 1710. Gegen Westen: Abt Benedikt Hornstein † 1711; Abt Albert von Salzburg † 1657. Eine Thür gegen Westen führt aus dem Kanzleizimmer in die ehemalige **Verhörstube**, jetzt **Speisesaal** der Erziehungsanstalt für arme und verlassene Kinder. Der Plafond des Stiegenhauses zur ehemaligen Verhörstube, darstellend den Engelsturz, wurde von Stauder für 150 fl. gemalt.

Der Theil des Klostergebäudes von der Sommerabtei westlich, dann die ganze Längseite gegen Westen und auf der Nordseite bis an die Benediktuskapelle bildete das sogen. **Gast- oder Hofgebäude.** Im Eckgebäude gegen Südwesten befand sich zu ebener Erde die **Apotheke**. Sämmtliche Deckengemälde, darstellend das sechs Tagewerk der Schöpfung, sind v. Erler.

In der zweiten Etage dieses Eckgebäudes, und an das Saletl anstoßend, befindet sich das **Fürstenzimmer.** Ueber dem Eingang ist ein kleines Gemälde, die Unterredung Alexanders des Großen mit Diogenes, gemalt von Amiconi 1728 innerhalb 3 Stunden.* Zu beiden Seiten des Eingangs stehen Julius Cäsar und Augustus, Gypsstatuen von Ferreti 1724 verfertigt. Der Plafond, ein Gypsbasrelief: Die Götter des Olymp trinken Nektar, war reich vergoldet. Der Fußboden ist geschmackvoll mit Eichenholz eingelegt. Der 12 Fuß hohe Rococo-Ofen ist von dem hiesigen Meister Martin Baumeister. In der anliegenden **Hauskapelle** ist der Plafond gleichfalls ein Gypsbasrelief, darstellend die Krönung der sel. Jungfrau Maria. In den vier Ecken sind die Brustbilder der Evangelisten. Der Altar stand gegen Norden, ist aber jetzt entfernt.

Vom Fürstenzimmer gegen den Kaisersaal, in der zweiten Etage des Hofgebäudes, befinden sich drei Gastzimmer, im Abbatiale als St. **Maurus- Plazibus- und Anselmus-**

---

* Es ist die letzte Arbeit von Amiconi im hiesigen Kloster.

Zimmer bezeichnet. Die Plafondgemälde sind von dem Italiener Bellandeli 1723 gemalt und der Mythologie entnommen, wie die 9 Musen u. s. w. Sie wollten dem Abte Rupert ebensowenig gefallen, als die vier Monarchien bei der Haupteinfahrt unter dem Kaiserjaale und bewirkten deßhalb die Entlassung des Malers.

In der Mitte der zweiten Etage dieses westlichen Traktes ist der sogenannte **Kaiserjaal**. Zu beiden Seiten desselben führen vom Haupteingang des Gastgebäudes 2 Stiegenhäuser zu demselben empor. Die Kuppel des südlichen Stiegenhauses wurde von Stauder 1723 gemalt und stellt das Füllhorn des göttlichen Segens dar; dabei stehen die Worte: Pax huic Domui. (Friede sei diesem Hause.) In den 4 Nebenfeldern sind dargestellt: Abraham, Isaak, Jakob und David. Für Ausmalung dieser Kuppel bekam Stauder 150 fl. Das Stiegenhaus an der Nordseite des Kaiserjaales ist gemalt v Fr. Spiegler 1725; und zeigt uns die Glorie Gottes mit den anbetenden vier Welttheilen, dabei die Inschrift: Charitas Dei diffusa est in cordibus nostris. (Die Liebe Gottes ist ausgegossen in unsere Herzen.) Für diese Kuppel und das Plafondgemälde im St. Bonifaciuszimmer erhielt Spiegler 300 fl. Abt Rupert bemerkt hierüber: Die Arbeit in Fresko ist schon wohl gemacht, aber zu theuer. (Tagbuch v. Jahre 1725 p. 141.)

Die Kuppel des Vorplatzes vom Kaiserjaale mit 5 Nebenfeldern enthält die Geschichte des ägyptischen Joseph, gemalt von Stauder 1725 und mit 150 fl. bezahlt. Zwei Nebenfelder, Joseph in der Versuchung und im Gefängniß, sind von Karl Ripp. (Diar. ad ann. 1725.) In den Wandnischen befinden sich 8 allegorische Statuen von dem Italiener Bossi 1727 und 1728 aus Gyps verfertigt, nämlich: Stärke, Sanftmuth, Eingezogenheit, Ehrbarkeit, Furcht, Liebe, Weisheit und oberste Herrlichkeit. Leider haben sie schon stark gelitten.

Der Kaiserjaal selbst ist 72 Fuß lang, 45 Fuß breit und 40 Fuß hoch. Das Plafondgemälde, die Krönung Karl's des Großen durch Papst Leo, wurde von Stauder im November 1723 angefangen und nebst den 4 Nebenfeldern am 27. Okt.

1724 vollendet.* Dieses Gemälde hat 52 Fuß in der Länge und in der Breite über 30 Fuß. Abt Rupert äußert sich über diese Arbeit in seinem Tagbuche auf folgende Weise: Die Arbeit fällt schön in die Augen; ich hätte aber lieber gesehen, wenn er die Stücke etwas mehr vertieft und also eine bessere Haltung observirt hätte. Es hätten die Hauptpersonen, als Papst und Kaiser hervorgestellt werden, die Andern aber mehr vertieft sein sollen. Stauder bekam für diese Arbeit 2000 fl., und für 10 Ovalstücke 50 fl.; dazu für sich und seinen Gesellen freie Kost. Die Nebenfelder, von denen jedes 9 Fuß hoch und 7 Fuß breit ist, stellen dar: Papst Gregor VII., Karl Martell, Taufe des Chlodwig, das vierte ist herabgefallen.

An den Wänden stehen 32 hölzerne, marmorirte Säulen, auf denen das im ganzen Saal herumlaufende architektonische Gebälk aufliegt. Sechs Atlanten tragen die reich mit Stuf-Arbeit verzierte Decke des Saales. Zwischen den Säulen stehen auf schönen marmornen Piedestalen 16 vergoldete und 8 Fuß hohe Holzstatuen römischer Kaiser, und zwar gegen Süden:

---

* Am 3. Mai 1723 schloß Abt Rupert II. mit dem Kunstmaler Stauber v. Konstanz bezüglich der Ausmalung des Kaisersaales folgenden Kontrakt: Er soll Historiam Ecclesiasticam Translationis S. R. Jmperii in personam Caroli Magni tum Franciae regis a S. Pontifice Leone III. peractae schön, kunstreich, mit besonderem Fleiße, mit hohen, guten Oelfarben entwerfen, die beiden Hofstaaten des Papstes und des Kaisers mit großer Magnifizenz vorstellen, wie es die Geschichte gibt, wofür ich ihm 2000 fl. versprochen, obwohl er 3000 fl. haben wollte. Als Gründe für dieses Conzept gibt Abt Rupert an: 1) weil diese Uebertragung eigentlich in der Geschichte Epoche macht; 2) weil Leo III. aus unserm Orden ist und heilig gesprochen wurde; 3) weil Karl der Große nicht nur die Gründung unsers Klosters gestattete, sondern auch zugleich mit seiner Gattin Hildegard dasselbe dotirte und mit vielen Privilegien beschenkte; 4) weil er der erste deutsche Kaiser ist und ihm alle seine Nachfolger die Kaiserkrone verdanken. Ferner verlangte der Abt, es sollte auch die hl. Dreifaltigkeit angezeigt werden, deren Werk diese Uebertragung der Kaiserkrone ist; und außerdem die Geburt Christi bemerkbar gemacht werden, weil an diesem Tage die Krönung und Uebertragung der Kaiserkrone stattfand. (Diarium ad ann. 1723.)

1) Rudolph I., Graf v. Habsburg; zum Kaiser gekrönt 21. Oktober 1273; † den 15. Juni 1291.
2) Albrecht I., zum Kaiser gekrönt 25. Juni 1298; † den 1. Mai 1308.
   In der südöstlichen Ecke:
3) Friedrich III., der Schöne, zum Kaiser gekrönt 25. Nov. 1314; † den 13. Juni 1330.
   Gegen Osten:
4) Albrecht II. zum Kaiser gekrönt 30. Mai 1438; † den 27. Oktober 1439.
5) Friedrich IV. zum Kaiser gekrönt 17. Juni 1442; † den 19. August 1493.
6) Max I., römischer König am 9. April 1486; † den 12. Jänner 1519.
7) Karl V., zum Kaiser gekrönt 23. Oktober 1520; † den 21. September 1558.
   In der nordöstlichen Ecke:
8) Ferdinand I., römischer König am 11. Jänner 1531; Kaiser 1556; † den 25. Juli 1564.
   Gegen Norden:
9) Max II., römischer König den 30. November 1563; † den 12. Oktober 1576.
10) Rudolph II., römischer König den 27. Oktober 1575; † den 10. Jänner 1612.
    In der nordwestlichen Ecke:
11) Matthias, zum Kaiser gekrönt 24. Juni 1612; † den 20. März 1619. Gegen Westen:
12) Ferdinand II., zum Kaiser gekrönt 9. September 1619; † den 15. Februar 1637.
13) Ferdinand III., römischer König am 31. Dezember 1636; † den 2. April 1657.
14) Leopold, zum Kaiser gekrönt den 5. August 1658; † den 5. Mai 1705.
15) Joseph I., zum Kaiser gekrönt 26. Jänner 1690; † den 17. April 1711.
    In der südwestlichen Ecke:
16) Karl VI., Constans, Fortis, geb. 1. Oktober 1685; zum Kaiser gekrönt 22. Dezember 1711; † den 20. Okt. 1740.

Die Bildhauerarbeit von sämmtlichen 16 Kaisern ist von Anton Sturm aus Füssen 1725 — 1727. Er bekam für jeden derselben sammt Fassung 75 fl. Da er aber nur 6 vollständig gefaßt hatte, und die übrigen einem andern Meister übergeben werden mußten, so wurden ihm hiefür von jedem Kaiser 9 fl., in Summa 90 fl. abgezogen. Diese 10 Kaiser faßte sodann Sichelbein aus Wangen und bekam für jeden 19 fl., in Summa 190 fl.; außerdem für die Ausbesserung jener 6 von Sturm gefaßten, aber durch den Transport beschädigten Kaiser 36 fl., wornach also die 16 Kaiser auf 1336 fl. zu stehen kamen. Für die Fassung der 32 Säulen bekam Sichelbein und sein Geselle Negele à 22 fl., im Ganzen 704 fl.; für die Fassung der 2 Gallerien aber 50 fl.

Die marmornen Fußgestelle der Kaiser verfertigte 1725 Stephan Bachteler, Steinhauermeister aus Füssen und wurden mit 2080 fl. bezahlt. Bachteler lieferte 1728 auch zu diesem Saale die Thürverkleidungen aus Marmor für 390 fl., 2 welsche Kamin aus schwarzem Marmor für 300 fl., 9 Fries unter die Fenster für 585 fl. und 117 Stücke Marmor zum Pflaster für 117 fl. Das ganze Pflaster kam aber auf 1200 fl. Abt Rupert sagt von Bachteler: Er lieferte eine schöne und pretiose Arbeit.

Eine weitere Zierde dieses Saales sind die 10 Ovalstücke von Stauder, die uns folgende Kaiser zeigen, und zwar gegen Osten: Otto I., oder Großen, Otto II., Otto III., Heinrich II. und Lothar II. Gegen Westen: Konrad III., Friedrich I., Heinrich VI., Philipp II. und Friedrich II.

Ueber den Thüren sind folgende Kaiserinnen: Die heil. Kunigund, Gemahlin Heinrich's II., die hl. Agnes, Gemahlin des Kaisers Heinrich III., die hl. Hildegard, Gemahlin des Kaisers Karl des Großen und die hl. Adelheid, Gemahlin des Kaisers Otto I. Die Gypsfiguren, Kindlein und die 4 Gyps-Basreliefs — Moses im Binsenförblein, Agar, Adam und Eva und der Brudermord — sind von dem Italiener Ferreti, der hiefür 225 fl. erhielt. Die übrigen Stukadorarbeiten im Saale und in den übrigen Zimmern der zwei Etagen des Gastgebäudes sind von den Welschen: Guiseppe Maini, Gasparo Mola, Domenico Menola, Jeron. Andreiole, Antonio Quadri, Franc. Lagi, Volpini, Carlo Medea, und den Deutschen: Kaspar Rabmüller, Joseph Feuerstein, Anton Ertel, Johann Winkler u. f. w. Sie erhielten nebst Kost wöchentlich 5 bis 1½ fl.*

Vom Kaisersaale nördlich, gegen das Vogelzimmer, befinden sich ebenfalls drei frühere Gastzimmer. Zunächst am Kaiser-Saale, bei der nördlichen Stiege, ist das St. Bonifazius-Zimmer, dessen Plafond die Salbung Saul's oder David's vorstellend, von Fr. Spiegler aus Wangen gemalt ist 1723. Neben diesem ist das St. Ulrich's- und gegen das Vogel-Zimmer das St. Konradszimmer. Die Deckengemälde dieser Zimmer sind v. Arbogast Thalheimer, der auch die meisten Landschaften blau in blau im Gang malte. Ueber den Thüren dieser Etage sind die Brustbilder der Päpste aus Gyps.

In der ersten Etage dieses westlichen Traktes befand sich das sogenannte Tafelzimmer, dann einige mindere Gast-Zimmer und der philosophische und theologische Hörsaal der ehemaligen stark besuchten Klosterschule. Jetzt ist in diesen Räumen das **Institut** für arme verlassene Kinder, die hier unter Leitung eines P. Inspektors ihre geistige und sittliche Ausbildung erlangen und durch die Fratres zugleich in den Anfängen einiger Handwerke unterrichtet werden.

Im nordwestlichen Eckgebäude befand sich früher zu ebener Erde der Speisesaal für die Studenten; in der ersten Etage die Großkellerei, jetzt Wohnung des Klosteraufsehers und in der zweiten Etage das sogenannte Vogelzimmer. Die Deckengemälde dieses Zimmers stellen die vier Tagzeiten vor, gemalt von Fr. A. Erler.

Vom Vogelzimmer östlich und in der zweiten Etage des nördlichen Traktes, befindet sich das ehemalige **Theater**. Dieser Theatersaal ist 110 Fuß lang, 40 Fuß breit und 30 Fuß hoch. Die Bühne war gegen Osten; gegen Norden befand sich eine erhöhte Gallerie für den Abt und die Gäste. Das

---

* Diarium Ruperti T. VII et VIII.

Plafondgemälde ist eine allegorische Darstellung der Tragödie und Comödie unter dem Schutze der Pallas Athene und des Apollo, gemalt von Fr. Spiegler im Jahre 1725. Zwanzig hölzerne Säulen korinthischer Ordnung tragen das Gesims und bilden auf beiden Seiten des Saales Nebengallerien, deren Decken mit mythologischen Darstellungen wie: Pallas Athene verwandelt das schöne Haar der Medusa in Schlangen; Deukalion und seine Gemahlin Pyrrha bevölkern nach der großen Fluth die Erde durch über ihre Schultern geworfenen Steine, aus denen Menschen wurden; Apollo wird verwundet; Wettstreit des Apollo mit Pan zwischen der Syrinx und der Lyra, wobei Midas Schiedsrichter ist; Aeneas trägt seinen alten Vater Anchises aus der brennenden Stadt Troja 2c. recht fleißig gelb in gelb al Fresco von Spiegler gemalt wurden. Spiegler erhielt für die Ausmalung des Theaters 300 fl. Die Faßarbeit im Theater ist von Regele. Die Statuen auf dem Gesims sind von Christoph Volpini und kamen nebst den andern Stukaborarbeiten auf 400 fl.* Gegen Westen ist Oben folgende Inschrift angebracht:

Plebs rudis
est
Satyris, Comicis
Et Risibus apta.

(Das gemeine Volk ist empfänglich für Spott- Lust- und Scherzgedichte.) Diesem entgegengesetzt liest man:

Grandia
Facta Ducum
Tragicis
Hio misceo Fatis.

(Die Großthaten der Helden mische ich hier mit tragischem Geschicke.) Gegen Norden:

Nil dictu fœdum
Visuque
Hæc Limina tangat.
Juv. Sat 14, 44.

(Nichts, was häßlich zu sagen und zu sehen ist, überschreite diese Schwellen.) Gegen Süden:

---

* Im Juni 1724 fingen die Stukaboren an, den Komödiensaal auszuzieren. Diar. Rup. T. VI.

Jllecebris erit
Et grata novitate morandus
Spectator.

Hor. de arte poet. 221.

(Durch Reize und angenehme Neuheit muß man den Zuschauer fesseln.)

Das erstemal wurde in diesem neuen Theater am 6. September 1725 gespielt. Es zeigte sich die Einrichtung ziemlich unvollständig, deßhalb ließ Abt Rupert II. das Theater 1726 nach dem Salzburgischen mit 12 vollständigen Veränderungen, die durch 2 angebrachte Wellbäume schnell hervorgebracht wurden, verbessern. Argobast Thalheimer malte mit drei Gehilfen; sie erhielten neben der Kost täglich 1 fl. 56 kr.; drei Schreiner 44 kr. Das Stück Leinwand zu 60 Ellen wurde mit 11 fl. bezahlt. In den Jahren 1791 u. 1792 wurde das Theater von Albert Schöpf neu hergestellt und enthielt folgende Abänderungen: 1) eine Ruine; 2) einen Saal; 3) ein Zimmer; 4) ein Kabinet; 5) einen Tempel; 6) einen Wald; 7) eine Gasse; 8) einen Stadtplatz; 9) eine Landschaft; 10) ein Gefängniß; 11) die Nacht; 12) einen Garten; 13) hohe Gebirge; 14) einen Meerhafen; 15) einen Zimmerschluß und 16) einen Tempelsaal.*

Nach der Säkularisation des Stiftes wurde die ganze Theater-Einrichtung vom Churfürsten und Bischof zu Augsburg Klemens Wenzeslaus der k. bayer. Regierung für 3000 fl. abgekauft und nach seinem Lustschloß Oberdorf gebracht.**

Im **Kreuzgang** des Hof- oder Gastgebäudes befanden sich die Schul- und Wohnzimmer der Seminaristen und übrigen Studenten. Die Decken der meisten Zimmer waren früher mit Gemälden versehen, sind aber jetzt zum Theil übertüncht, zum Theil herabgefallen. Am Gewölbe des Kreuzganges sind noch gut erhaltene allegorische Darstellungen verschiedener Tugenden, Gewerbe, Künste und Wissenschaften, theils Gypsbasreliefs, theils Freskomalereien.*** Die Gypsbasreliefs und sonstigen

---

* Abbatiale majus.
** P. Basilis Miller, Aufzeichnungen auf das Jahr 1805. MSC.
*** Es sind 19 Gypsbas-reliefs und 25 Freskogemälde.

Stukadorarbeiten sind von Johann Zimmermann für 350 fl. gemacht. Die Freskogemälde sind von Bellandeli und Spiegler und wurde das Stück mit 12 fl. bezahlt. In der Mitte des Kreuzganges, beim Hauptportal, ließ Abt. Rupert 1723 durch Bellandeli die vier Weltmonarchien malen, und zwar: Die mazedonisch-griechische Monarchie Alexanders des Großen. (Ein Thier mit 4 Flügeln.) 2) Die assyrisch-chaldäische des Nabuchodonosor. (Ein Löwe mit Adlerflügeln.) 3) Die medisch-persische des Cyrus. (Ein Bär.) 4) Die römische des Augustus. (Ein Thier mit 10 Hörnern.) Zwei Thüren im nördlichen und südlichen Flügel führen aus diesem Hoffkreuzgang in den des Konventgebäudes, von dem aus wir die Beschreibung des Klostergebäudes begonnen haben.

Jeder Freund der Kunst wird gewiß die Worte unterzeichnen, welche der Bischof von Linz Gregor Thomas Ziegler im Jahre 1828 an König Ludwig I. von Bayern schrieb: „Ottobeurens herrliche Kirche ward in ihrer Art noch nirgends erreicht, vielweniger übertroffen; das Kloster selbst ist und bleibt ein Muster der Baukunst, nicht blos in Deutschland, sondern in dem ganzen Erdkreis."*

Anhang.

Reihenfolge der Ottobenrischen Aebte
nach
P. Albert Krez.

1) Der sel. Toto, Sohn des Stifters von 764 — 817; mithin 53 Jahre Abt. † 80 Jahre alt.
2) Milo, 817 — 864.

---

* P. Basilius Miller, monachus Ottob. Minuten geistl. Sachen. T. IV p. 136. MSC.

3) Der heil. Reodegar, 864 — 869.
(Er wurde auch Bischof von Augsburg.)
4) Der sel. Widgar, 864 — 902.
(Nach andern starb er 897. Im Jahre 888 wurde er Bischof von Augsburg.)
5) Byrtilo, 902 — 941.
6) Adalbero, 941 — 973; Sohn Burkard's II., Herzogs in Schwaben, aus dem gräfl. Geschlecht derer von Dillingen und Kyburg.
7) Der hl. Ulrich, erhielt v. Otto dem Großen die Abtei Ottobeuren als Commende; stellte die freie Wahl wieder her und war 2 Monate Abt. † 973.
8) Rudung, 973 — 1000.
9) Dangolph, 1000 — 1012.
10) Sigebert, 1012 — 1028.
11) Embriko, 1028 — 1050.
12) Eberhard, 1050 — 1069; er stand 3 Klöstern als Abt vor: Ottobeuren, Kempten und Tegernsee; zuletzt als Abt von St. Emeran in Regensburg erwählt. † 1091.
13) Razelin, 1069 — 1082.
14) Gebhard, 1082 — 1094.
15) Adelhalm, 1094 — 1103, ein Graf v. Lützelburg, stand 5 Klöstern vor: Ottobeuren, Weingarten, Petershausen, Neresheim und Füssen.
16) Heinrich I. 1103 — 1104.
17) Der sel. Rupert I. 1104 — 1145.
18) Isingrin, postulirt aus St. Ulrich in Augsburg, 1145—1180.
19) Bernold 1180 — 1194.
20) Der sel. Konrad I., 1194 — 1229.
21) Der sel. Berthold I., 1229 — 1246. † 1248.
22) Walther, 1248 — 1252.
23) Heinrich II., 1252 — 1258.
24) Sigfried, 1258 — 1266.
25) Heinrich III. von Bregenz, 1266 — 1296.
26) Konrad II., 1296 — 1312.
27) Heinrich IV., 1312 — 1322.
28) Heinrich V. von Norbholz, 1322 — 1353.
29) Johann I. von Altmannshofen, 1353 — 1371.

30) Ulrich von Knöringen, 1371 — 1378.
31) Johann II. von Hocherer, 1378 — 1390.
32) Heinrich VI., postulirt v. St. Ulrich in Augsburg, 1390—1399.
33) Johann III. von Affstetten 1399 — 1400.
34) Johann IV. Russinger, postulirt v. St. Ulrich, 1400 — 1404.
35) Eggo Graf von Schwabegg, 1404 — 1416.
(Bisher waren fast alle Aebte aus adelichem Geschlechte.)
36) Johann V. Schebler aus Kempten, 1416—1443. † 1448.
37) Jodoc Niederhofer aus Memmingen, 1443 — 1453.
38) Johann VI. Kraus, 1453 — 1460. † 1474.
39) Wilhelm v. Lustenau, 1460 — 1473. ‡ 1479.
40) Nikolaus Rößlin, 1473 — 1492.
41) Matthäus Ackermann aus Konstanz, 1492—1508. † 1512.
42) Leonhard Wiedemann aus Schrezheim bei Dillingen, 1508 — 1546.
43) Kaspar Kindelmann aus Stegen in der Schweiz, 1547—1584.
44) Gallus Memminger v. Ochsenhausen, 1584—1599. † 1606.
45) Alexander Sauter v. Ueberlingen, 1600—1612. † 1613.
46) Gregor Reubi aus Sonthofen, 1612 — 1628. ‡ in Ulm bei den Wengen 1629, begraben in Wiblingen.
47) Andreas Vogt aus Markdorf, 1628 — 1633.
48) Maurus Schmid von Gmünd 1633 — 1655.
49) Peter Kimmicher aus Landsberg, 1656 — 1672.
50) Benedikt Hornstein aus Wasserburg, 1672 — 1688. ‡ 1711.
51) Gordian Scherrich aus Wangen, 1688 — 1710.
52) Rupert II. Neß aus Wangen, 1710 — 1740.
53) Anselm Erb v. Ravensburg, 1740 — 1767.
54) Honorat Göhl von Immenstadt, 1767 — 1802.
55) Paulus Alt aus Wangen, 1802 — 1807.

---

56) Barnabas Huber aus Gutenberg, zum I. Abt des wieder errichteten Stiftes ernannt am 16. Dez. 1834. Benedizirt bei hl. Kreuz in Augsburg am 26. April 1835. † 29. Juli 1851.
57) Theodor Gangauf von Bergen, erwählt am 20. Dezember 1851; resignirt im Juli 1859.
58) Raphael Mertl v. Forchheim, erwählt am 6. Sept. 1859.

Reihenfolge
der ersten Stiftsbeamten oder Kanzler
vom Jahre 1522—1802.

Heinrich Fribbold, unter Abt Leonhard	1522—1530.
Franz Wolf	1531—1564.
Johann Kötterlin, ein sehr erfahrner Jurist	1565—1595.
Ludwig Konrad	1595—1600.
Raimund Huber v. Gleth, J. U. Doct.	1600—1601.
Bathasar Erlinholz v. Ueberlingen J. U. D.	1602—1603.
Christian Schochner	1603—1608.
Bernard Mosmüller	1608—1611.
Er wurde 1611, den 9. Oktober, Hofkanzler in München und später Reichshofrath.	
Johann Lochner	1611—1613.
Johann Sylvius, J. U. Doct., nochmaliger Reichs-Hofrath zu Speier	1613—1617.
Sigmund Hornstein	1617—1633.
Melonius, Kanzler des schwebischen Generals Wurmbrand	1633—1634.
Sigmund Hornstein	1634—1642.
Johann Christoph Prygler, J. U. D.	1642—1646.
N. Schab J. U. Doct.	1647—1650.
Johann v. Leuchselring, J. U. Doct.	1650—1659.
Wolfgang Wolf	1660—1664.
Justinian v. Leuchselring 18. Jänner 1664—1664 8. Sept.	
Johann Georg Haim v. Haimshofen J. U. Lic.	1664—1676.
Leonhard, Heinrich Waigel, J. U. D.	1677—1680.
Christian, Jakob Köberle	1680—1699.
Philipp Jakob Kögel, später Kanzler des Fürst-Bischofs zu Augsburg.	1699—1709.
Simon Bickel von Eratsberg	1709—1715.
Franz Xaver von Pflaumern, Patrizier v. Biberach	1715—1740.
Franz Stephan von Mayrsburg	1741—1780.
Franz Pfeiffer von Greiffenthal	1781—1785.
Joseph Weckbecker von Sternfeld	1786—1802.

Reihenfolge
der Schutzvögte des Klosters Ottobeuren.

Karl, der Große	769 — 814.
Ludwig, der Fromme	814 — 840.
Lothar I.	840 — 855.
Ludwig II.	855 — 875.
Karl, der Kahle (Vogt ein gewisser Reinbocus.)	876 — 877.
Ludwig III.	877 — 881.
Karl III.	881 — 887.
Arnulph	887 — 899.
Ludwig IV., das Kind	899 — 911.
Konrad I.	912 — 919.
Heinrich I.	919 — 936.
Otto I., der Große	936 — 973.
Otto II.	973 — 983.
Otto III.	983 — 1002.

Nach dem Tode des Kaisers Otto III. übergab Abt Dangolph die Schutzvogtei dem

Rupert I., einem Edlen von Ursin	circa 1002.
Reinhard oder Reginhard I., von Ursin	circa 1055.
Rupert II., von Ursin	circa 1060. 1074.
Reginhard II., von Ursin	circa 1100.
Rupert III. von Ursin	circa 1100—1125.
Gottfried I., Graf von Ronsberg	circa 1125 — circa 1172.
Heinrich, Markgraf von Ronsberg	1172—1191.
Gottfried II., Markgraf von Ronsberg	1191—1208.
Berthold, Markgraf von Ronsberg	1208—1212.
Gottfried, Graf v. Marstetten	circa 1212—1217.

Graf Gottfried verkaufte mit Willen des Abtes die Schutzvogtei für 900 Mark Silbers an

Friedrich II., Kaiser	1218—1250.
Heinrich, dessen Sohn	1250—1255.
Konradin	?
Rudolph I., von Habsburg	1273—1291.
Adolph von Nassau	1291—1298.

Albert von Oesterreich 1298—1308.
Heinrich VII. 1308—1309.
Im Jahre 1309 verkaufte Kaiser Heinrich VII. die Schutzvogtei an
Berthold, Graf von Neufen 1309 — circa 1330?
Im Jahre 1331, 6. Septbr., verkaufte Ludwig IV. die Schutzvogtei pfandweise für 400 Mark Silber an
Berthold, Graf von Graisbach 1331—1336.
Schwigger von Gundelfingen 1336—1339.
Im Jahre 1339 verpfändete Schwigger von Gundelfingen die Advokatie an Luzius Kraft, Bürgermeister v. Ulm, Peter Strölin, dem Aeltern, Heinrich Roth und Otto Besserer, Bürgern von Ulm, für 1500 Pf. Heller. 1339—1356.
Im Jahre 1356, 24. Juni, brachte Bischof Marquard von Augsburg die Vogtei über das Kloster für 1100 Pf. Heller pfandweise v. Schwigger v. Gundelfingen und den Ulmer Bürgern an sich; am Freitag nach Walburgis 1359 kaufte Marquard förmlich die Vogtei über das Kloster Ottobeuren mit allen Rechten für sich und das Hochstift von Schwigger v. Gundelfingen und und dessen Erben für 3000 Pf. guter Heller, seit welcher Zeit sie bei den Fürstbischöfen von Augsburg bis 1710 verblieb.
Marquard I., von Randeck 1356—1366.
Walther von Hochschlitz 1366—1369.
Bischof Walther hatte die Vogtei für 1600 Pf. Heller an Konrad und Hans Ammann, beide Bürger zu Memmingen, verpfändet.
Johann I., Schadland 1369—1373.
Burkard von Ellerbach 1373—1404.
Eberhard II., Graf von Kirchberg 1404—1413.
Anselm von Nenningen und sein Gegenbischof Friedrich II., von Grafeneck } 1413—1424.
Peter von Schaumburg, Bischof und Kardinal 1424—1469.
Johann II., Graf von Werdenberg 1469—1486.

Friedrich II., Graf von Zollern　　　　　　　　1486—1505.
Heinrich IV., Edler von Liechtenau　　　　　　1505—1517.
Christoph von Stadion　　　　　　　　　　　　1517—1543.
Otto Truchseß von Waldburg, Kardinalbischof　1543—1573.
Johann Egolph von Knöringen　　　　　　　　1573—1575.
Marquard II., Edler von Berg　　　　　　　　1575—1591.
Johann Otto von Gemmingen　　　　　　　　1591—1598.
Heinrich V., von Knöringen　　　　　　　　　1599—1646.
Sigmund Franz, Erzherzog von Oesterreich　　1646—1665.
Johann Christoph von Freyberg-Eisenberg　　 1665—1690.
Alexander Sigmund, Pfalzgraf　　　　　　　　1690—1710.

Verzeichniß
der im Convent-Kreuzgang über den Thüren befindlichen Oelgemälde auf Leinwand.

Gott Vater	A. Thalheimer
Adam ⎫	
Abel ⎪	
Enoch ⎬	Hieronymus
Noe ⎪	Hau
Loth ⎪	aus Kempten.
Abraham ⎪	
Isaak ⎭	
Jonas ⎫	
Baruch ⎬	Erler.
Joel ⎪	
Zacharias ⎭	
Joseph ⎫	
Moses ⎪	
Josue ⎪	
Samson ⎪	
Jakob ⎬	H. Hau.
Samuel ⎪	
David ⎪	
Salomon ⎪	
Elias ⎪	
Isaias ⎪	
Jeremias ⎪	
Ezechiel ⎭	
Daniel ⎫	
Gott Sohn ⎪	
Jungfrau Maria ⎬	Ruffini.
Johann Bapt. ⎪	
Joseph ⎪	
Petrus ⎪	
Paulus ⎭	

Raphael ⎫	
Schutzengel ⎬	Erler.
Andreas ⎭	
Jakob der Aeltere ⎫	
Johannes ⎪	
Thomas ⎬	Ruffini.
Jakob der Jüngere ⎪	
Philippus ⎭	
Markus, v. Erler.	
Bartholomäus, Ruffini.	
Thimotheus, Erler.	
Matthäus, Ruffini.	
Lukas, Erler.	
Simon ⎫	
Thaddäus ⎪	
Matthias ⎪	
Barnabas ⎪	
Gregorius ⎬	Ruffini.
Ambrosius ⎪	
Augustinus ⎪	
Hieronymus ⎪	
Ignazius, Bischof und Martyrer ⎭	
Dionysius Areopag. ⎫	
Polikarp, ⎪	
Justinus, Martyrer ⎪	
Cyprian, Bischof u. Martyrer ⎬	Hau
Basilius, Bischof ⎪	
Gregor, v. Naz. Bischof ⎪	
Athanasius, Bischof ⎪	
Johann Chrysostomus ⎭	

— 102 —

Hilarius, Bischof
Cyrillus v. Alexandria
Epiphanius, Bischof
Johannes der Almosen-
  geber
Benediktus, Ordensstift.
Maurus, Abt
Plazibus, Martyrer
Franziskus, Ordensstift.
Bernhard, Abt
} Hau.

Augustin, Bischof
Thomas v. Aquin
Bruno
Pius V.
Karl Borromäus
Joh. v. Nepomuk
} Hau.

Kaspar
Melchior
Balthasar
} Erler.

Verzeichniß

der in der ersten Etage des Konventgebäudes über den Thüren befindlichen Ovalstücke, insgesammt Heilige unsers Ordens.

Scholastika, Schwester
  des hl. Benedikt
Gertrudis, die Große,
  Aebtissin
Itha
Juliana
Hildegard
Elisabeth
Gertrudis
Nonnosus, Abt
Ero, Abt
Theogerus, Abt
Sturmio, Abt
Paschasius, Abt
Benedikt v. Anian
Anselm, Erzbischof
} Paul Zeiler.

Vitalis, Bischof
Sympert „
Gothard „
Wunibald „
Burchard „
Suitpert „
Edmund, Erzbischof
Emmeran, Bischof u. Mart.
Adalbert „ „
Kilian „ „
Peter Damianus
} Paul Zeiler.

Kalistus, Papst
Conrad
Gallus
Rupertus
Procopius
} Zobel.

Leo, Papst		Alto I., Abt v. Weingaten	Erler.
Odilo		Dominikus	
Joszio		Karlmann	
Bertholdus		Wolfgang	
Isidor	Jobel.	Johannes Damaszenus	
Korbinian		Fulbert	Zobel.
Augustin		Othmar	
Bonifazius		Pirminius	
Cölestin,		Leonhard	

Verzeichniß

der in der zweiten Etage des Konventgebäudes befindlichen Ovalstücke.

Alexander, A. Thalheimer.		Mellitus, Erzbischof	
Neobegar		Claubius „	
Ulrich		Romuald „	Paul
B. Rupert, Abt v. Ottob.		Eberhard „	Zeiler.
B. Conrad „ „ „		Adalbert, Apostel von	
B Bertholdus „ „ „		Holland	
B. Hatto, Mönch „ „		Beda	
B. Bernold „ „ „		Anselm	
B. Bruno „ „ „		Gelasius	
Stephan, IV. Papst	Paul	Meinrad	Zobel.
Gregor II. „	Zeiler.	Virgilius	
Leo IX. „		Zacharias	
Leo III. „		Plazidus	
Urban II. „		Benediktus	
Viktor III. „		Gregor, Papst	Paul
Laurentius, Erzbischof		Agatho, Papst	Zeiler.
Anscharius „		Romanus	
Rembert „		Lanfrank	Zobel.
Amandus, Bischof		Benno	

B. Toto, Abt von Ottobeuren
Hermann
Ildefons
Stephanus
Gerhardus
} Zobel.

Rupertus
Gregorius
Maurus
Magnus
Leander
Aegidius
} Zobel.

U. J. O. G. D.

Inhalt.

	Seite
Vorwort	
Geschichtliche Einleitung	I—XXII.
Geschichte des Kloster- und Kirchenbaues	1.
Beschreibung der Kirche	13.
Beschreibung des Klosters	48.
Reihenfolge der Ottobeurischen Aebte	94.
„ „ „ Kanzler von 1522—1802	97.
„ „ „ Schutzvögte	98.
Verzeichniß der Oelgemälde über den Thüren des Konventgebäudes	101.